Sete Casais em Terapia

Saúde Mental
Intimidade
Desejo
Privacidade
Ciúme
Poder
Identidade
Género
(não) Monogamia

LUANA CUNHA FERREIRA

SETE **CASAIS** EM **TERAPIA**

www.egoeditora.com
geral@egoeditora.com

Título – Sete Casais em Terapia
Autora – Luana Cunha Ferreira
Composição gráfica – EGO
Imagens da Capa e do Interior – *freepik*©
Fotografia da autora – Isabel Saldanha©
Revisão de Texto – EGO
Edição – EGO
1ª Edição – Maio 2023, Lisboa
ISBN – 978-9893503034

Agradeço aos casais que em mim confiaram ao longo destes anos. A riqueza, complexidade, intensidade e humanidade que trouxeram para os nossos encontros foram inestimáveis e só me fazem querer saber mais e mais sobre o sistema mais fascinante: o casal.

À minha Aldeia, os meus amigues, que me trouxeram em braços até aqui: para vocês, tudo!

Às mestres e colegas que me deixaram sorver sofregamente a vossa sabedoria e experiência, ao longo dos anos.

Aos meus filhos, mãe (a verdadeira escritora) e família que toleraram as minhas ausências quando em missão laboral: que nunca mas deixem de cobrar.

Ao meu pai que iria devorar este livro.

A todos os meus amores.

A ti.

Obrigada.

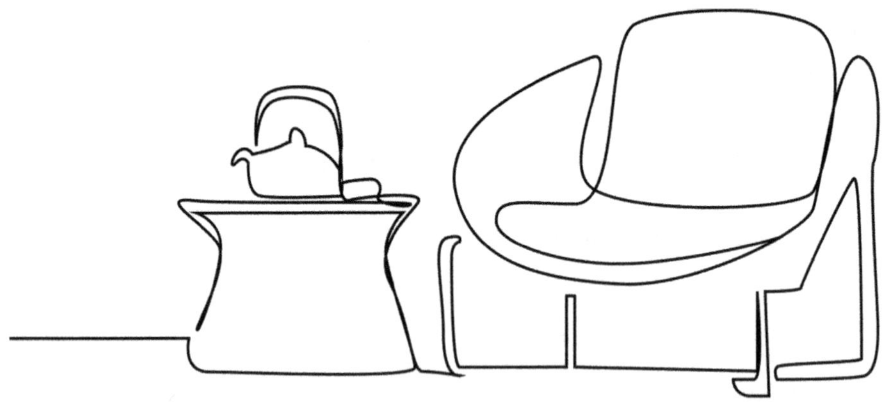

ÍNDICE

Everything is about sex.
Except sex. Sex is about power.

(Anónimo)

PRÓLOGO

Começo por explicar o que este livro não é, nem pretende ser. Para leitores em geral: este livro não é um livro de autoajuda, nem um substituto da terapia. Podem aqui encontrar algumas sugestões e até potenciais inspirações, mas nenhum livro, *podcast*, palestra ou perfil nas redes sociais substitui o processo terapêutico, pois é aí que se faz o verdadeiro trabalho e a magnífica arte de guiar a transformação de casal. Para os colegas psicólogos e terapeutas: isto não é um manual de terapia de casal para profissionais e técnicos, mas tem algumas ideias que podem ser úteis caso tenha sido por isso que aqui chegaram. Para as mentes mais científicas: isto também não é uma revisão sistemática sobre o estado da arte da terapia de casal, nem coleção de estudos de caso para análise ideográfica, embora esteja ancorado na produção científica nos âmbitos da psicologia clínica, psicologia da família, terapia familiar, sexologia clínica, estudos de género e LGBTIA+ e interseccionalidade, sobretudo das últimas duas décadas.

Este livro pretende ser um olhar direto para dentro das paredes do consultório, focado em temáticas específicas e inspirado por casos reais. Cada uma destas estórias transborda da minha história e da minha prática privada e institucional, como psicóloga clínica de vertente sistémica e terapeuta familiar. Comecei a dar consultas em 2007 e, nos últimos 15 anos, terei visto mais de 250 casais. Nestas estórias, encontram-se vestígios de mim e, por isso, de cada um destes casais reais, mas, ao mesmo tempo, de nenhum em particular. Todas as personagens, nomes, locais e demais detalhes nestas estórias são fictícios.

Cada capítulo conta a estória de um casal e está organizado em quatro partes:

O Tema – temas-chave trazidos pelo casal e o que sabemos sobre essas temáticas (por exemplo: comunicação, infidelidade, parentalidade, sexualidade, desigualdade, diversidade);

A Estória – notas sobre quem é este casal e como chegaram até à terapia;

A Terapia – um olhar direto para dentro das paredes do consultório, onde são descritos em discurso direto vários momentos de terapia de casal comigo;

Ação Direta – um conjunto de sugestões, tarefas e exercícios que podem ser úteis para as temáticas descritas.

Todos estes casais estão ligados através de laços familiares, ilustrados num genograma que precede cada história. Umas mais longas, outras mais curtas, cada casal aqui presente representa, de alguma forma, algo em movimento, um segmento de um filme, seja em modo curta ou longa metragem. Todos são incomparavelmente mais complexos do que aqui descritos. Os capítulos seguem uma ordem etária, dos mais novos para os mais velhos, e a linguagem tentativamente inclusiva é usada de diversas formas ao longo do livro.

Começamos com Bia & Boris, um casal de pós-adolescentes que tenta gerir os ciúmes e a ansiedade. Passamos depois para Maria & Mário, jovens adultos que descobrem a forma como as questões de racismo afetam o casal na sua luta contra a depressão. A temática da desigualdade de género na transição para a parentalidade surge com Diana & David, que acabam de ter um bebé e começam a perceber o impacto que a gravidez, parto e pós-parto têm em cada um e na relação. Em seguida, mergulhamos na agitada vida de Leonor & Leonel, um casal já com filhos de relacionamentos anteriores que luta para manter a sua individualidade quando decidem viver juntos. Anita & Alex são um casal não monogâmico, composto por uma mulher cis e uma pessoa trans, não-binária. Têm quase 20 anos de diferença de idade e estão a lidar com a discrepância dos seus níveis de desejo sexual. Seguem-se Gabriel & Gus, um casal de homens cujo desafio de partida é a gestão das suas discussões de alta intensidade, mas que também lidam ainda com o peso moral de um diagnóstico de HIV. Por fim, o casal que os une a todos: Nazaré & Nicolau, que entram em terapia de casal quase como se uma onda os tivesse violentamente atirado para a areia. Essa onda é a infidelidade.

Bem-vindes ao maravilhoso mundo da terapia de casal!

O GENOGRAMA

Mas afinal quem é esta gente toda?

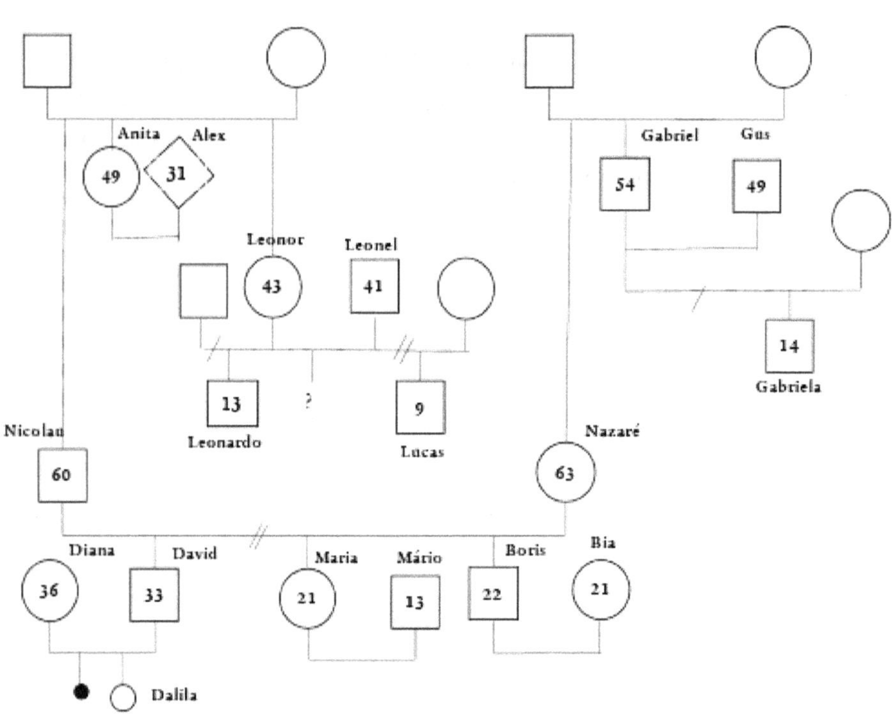

BIA & BORIS

Ciúme, ansiedade e
a procura da autonomia
na intimidade.

O TEMA

Há quem diga que num casal tudo se resume à intimidade. É um conceito complexo e de definição difícil, mas que implica uma sensação de conexão emocional, sentimentos de proximidade e expressão de afeto – e pode ou não incluir algum tipo de atividade sexual e/ou erótica. A intimidade, particularmente a intimidade emocional, tem uma curiosa relação com o tempo de relação, já que tende a aumentar de forma intensa no início da relação, uma época normalmente marcada por uma forte partilha de emoções, sentimentos e atividades, e à medida que a relação se desenvolve durante meses ou anos, tende, nas relações saudáveis e felizes, a manter alguma progressão ascendente, embora com altos e baixos. Sabemos hoje que a intimidade tende a ter alguns destes *"altos"* quando há partilha de informação nova, quando os limites da relação se expandem, quando se mantém algum sentido de descoberta e curiosidade em relação à pessoa parceira. É um cliché, mas já bem apoiado em evidência científica: numa relação onde não se aprende nada de novo, onde não há descoberta, a intimidade – e ainda mais o desejo sexual – tende a diminuir. Não é boa ideia deixar isto acontecer, pois a intimidade é um dos maiores preditores de satisfação e viabilidade no casal.

Existem vários modelos para explicar a intimidade emocional no casal e um deles foi desenvolvido com base num estudo empírico com casais portugueses[1]. Neste modelo, a intimidade é vista como um triângulo, onde nos vértices se situam as três principais carac-

---

1 - Ferreira, Narciso & Novo 2013 Ferreira, L. C., Narciso, I., & Novo, R. (2013). Authenticity, work and change: A qualitative study on couple intimacy. Families, Relationships and Societies, 2(3), 339-354.

terísticas – Autenticidade, Confiança e Partilha – sendo conectados por três eixos que os interligam: Privacidade, Autonomia e Compreensão. Estes fatores são essenciais para promover a intimidade numa relação romântica. Autenticidade refere-se à capacidade para conseguir revelar, na relação, as nossas partes mais genuínas, aquilo que mais nos representa. A partilha envolve a comunicação de sentimentos, autorrevelação e também a participação em atividades significativas. Por último, a confiança implica construir uma ideia da pessoa parceira como alguém que nos deseja o bem e em quem podemos depositar expectativas, sentimentos e um sentido de compromisso.

A intimidade emocional no casal, segundo o Modelo Sistémico da Intimidade, por Ferreira, Narciso & Novo, 2013.

Estes são os componentes-chave da intimidade, mas há três outros que os apoiam, mantendo esta dinâmica viva e sustentável. A privacidade refere-se a duas dimensões: respeitar o espaço pessoal de cada um (onde se pode incluir a privacidade erótica, por exemplo), e a noção de que existe uma linha (mais fluida ou mais rígida) que separa o casal do seu exterior, ou seja, a ideia de que há coisas que pertencem só ao casal. A privacidade sustenta a relação entre os vértices partilha e autenticidade, já que só pode haver uma partilha com genuína autenticidade se o casal tiver a sua privacidade bem delimitada. Já a compreensão interliga a partilha à confiança, pois só com uma expectativa de compreensão por parte da pessoa parceira é que se consegue partilhar ideias, sentimentos e atividades com confiança, ou seja, há uma expectativa de reciprocidade entre parceires.

A autonomia é um dos eixos mais significativos no casal Bia & Boris, descrito neste capítulo. Implícita ou explicitamente ignorada na noção de amor romântico, onde o objetivo máximo é a fusão de dois seres – ilustrada pela ideia de 1+1=1 – autonomia implica reconhecer, respeitar e mesmo honrar a individualidade de cada um dentro da relação de casal, transformando assim essa operação num muito mais atraente e desafiante 1+1=3. Numa relação em que a confiança é precária, por exemplo, qualquer expressão de autonomia pessoal – através do envolvimento em projetos pessoais, atividades sociais sem a pessoa parceira ou outros movimentos de autonomia corporal, como a masturbação ou a atração por terceiros – é vista, não como uma expressão natural da autenticidade de cada um, mas como uma ameaça à relação e, portanto, um alvo a abater. A alteridade da pessoa parceira torna-se um inimigo e não, como no início, a principal fonte de intimidade, prazer, desejo e curiosidade[2].

Mas a intimidade do casal não está num vácuo, pois se nenhuma pessoa é uma ilha, um casal certamente também não o é. O casal,

---

2 - Alteridade – ou *otherness*, em inglês – é um conceito que ilustra a qualidade do que é Outro ou do que é diferente, separado mas em inter-relação, um conceito especialmente relevante nas relações de casal A Alteridade sido proposta por alguns terapeutas de destaque, como Esther Perel ou David Schnarch, como um dos bens mais preciosos na relação de casal, pela forma como ajuda a salvaguardar um distância saudável entre pessoas muito próximas.

numa perspetiva sistémica, (Narciso & Ribeiro, 2009), é permanentemente bombardeado com influências do exterior (mundo laboral, filhos e famílias de origem, influências da comunidade, eventos sociais e condições económicas, entre outras) e também do seu "*interior*" (tais como história pessoal e relacional, traumas, personalidade e condições de saúde física e mental).

Alguns destes fatores de saúde mental podem afetar o casal de uma forma determinante. A perturbação de ansiedade generalizada, também identificada em Boris, no casal descrito neste capítulo, caracteriza-se por uma preocupação excessiva e persistente com diversas atividades tendencialmente quotidianas, sejam de carácter social, laboral ou relacional. Esta ansiedade tende a ser de cariz crónico, sendo um fenómeno onde o organismo reage de forma desproporcional às situações-gatilho, revelando de forma abrupta e intensa sintomas físicos como a tensão muscular, irritabilidade ou fadiga e também psicológicos, como as dificuldades de concentração, sensação de angústia ou confusão mental. A ansiedade generalizada perturba a vida quotidiana, gera sofrimento significativo e diminui a qualidade de vida, particularmente pelo impacto na vida relacional.

Assim, para além da gestão de vulnerabilidades individuais, como neste exemplo de uma perturbação de ansiedade, a calibração dos limites com outros subsistemas que rodeiam o casal – especialmente o trabalho, que cada vez engole mais do nosso tempo, energia e disponibilidade –, é de especial relevância para a intimidade do casal. Também a incorporação de mudanças e novidades na rotina diária da vida em casal parece ter uma importante influência na manutenção de uma intimidade positiva e, logo, sustentável.

É preciso deixar claro que não há segredos, magias ou truques que garantam a viabilidade de um casal, mas garantir que a autenticidade de cada um dos indivíduos que o compõem é visita diária na vida do casal e que ambos a respeitam e a promovem – por exemplo, através da afirmação da autonomia e do aprofundamento da partilha – é, no mínimo, um excelente ponto de partida. Mas, se fosse fácil, toda a gente o faria e é aqui que entra um dos grandes entraves a esta aparente articulação fluida – entre estar numa profunda relação de intimidade e conseguir manter os limites e contornos da individualidade: o ciúme.

Os ciúmes são, ainda, muito mal vistos. Descritos como uma sensação de ansiedade e insegurança em relação à pessoa parceira, incluem muitas vezes sentimentos de possessividade, raiva e frustração, podendo perturbar significativamente o bem-estar de quem os experimenta e corroer por dentro uma relação amorosa. É importante destacar que o ciúme pode acontecer tanto numa relação, em que tal é de alguma forma *"justificado"*, ou seja, uma relação já visitada por quebras de confiança, traições ou infidelidades, como numa relação em que tal não foi experienciado. Em ambos os casos, os ciúmes envolvem emoções intensas e frequentemente contraditórias, já que, tratando-se de sentimentos experienciados de uma forma muito real e autêntica, não encontram facilmente um *outlet* que os acolha com compaixão.

Quando sentimos ciúmes, sentimos também vergonha do que estamos a sentir, e não queremos mostrar à pessoa parceira, ou a outras, a real dimensão dos nossos sentimentos e angústias. O ciúme tem sempre contornos de insegurança, seja em relação à confiança que se sente na pessoa parceira, seja na forma com nos sentimos em relação a nós próprios, estando muitas vezes, mas não sempre, associado a questões de autoestima. O ciúme é também erroneamente visto como um sentimento infantil, de quem não está a conseguir lidar com uma situação de forma madura. Este argumento vem normalmente associado a ideias profundamente patriarcais que minimizam e menosprezam a expressão de toda e qualquer emoção humana. Outra dificuldade associada a esta insegurança provocada pelo ciúme, é a perceção de falta de controlo, pois quando estamos assustados ou inseguros, procuramos previsibilidade e o ciúme, especialmente quando associado à ansiedade, leva-nos para fantasias e cenários imaginários onde o nosso organismo efetivamente vivencia o acontecimento que mais tememos.

Na prática, alguém que está a experienciar ciúmes passa muito tempo num lugar mental em que, com mais ou menos intencionalidade, se expõe ao objeto de terror – seja ele o reviver do impacto de uma traição, imagens sobre o que aconteceu durante a traição propriamente dita *(O que fizeram juntos? De que falaram? Como se beijaram? Em que posições estavam? O que sentiram?)* ou confabulações mais ou menos verosímeis sobre a potencial transgressão. Estes pensamentos frequentemente têm contornos ruminativos e intrusivos, ou seja, a pessoa tem dificuldade em os afastar, não há um botão que os desligue.

O que fazer, então, com algo tão forte, que tem uma reputação tão maldita e que é, sobretudo, tão mal acolhido? Para percebermos o ciúme de uma forma mais integrada é importante sublinhar, antes de mais, que o ciúme é um sentimento normal, motivado por múltiplos fatores, onde se inclui algo muito positivo: o desejo profundo de ser amado e valorizado. Daí que a interligação com a autenticidade, descrita acima no modelo da intimidade, seja tão relevante e útil, pois é precisamente nesse cruzamento que pode residir a (ou uma) solução para quem está a passar pela atroz viagem do ciúme.

A honestidade radical é baseada na ideia de que a comunicação aberta e honesta é fundamental para o estabelecimento de relações, não só de casal, saudáveis e significativas. Tal implica evitar o encobrimento do que se está a sentir, assim como a manipulação, que mais não é do que uma tentativa de dissimuladamente controlar o parceire ou ter acesso a informação, substituindo esse mecanismo irresistível mas pernicioso por uma postura assertiva que comunica de forma transparente o que se está a sentir nas suas várias dimensões e de uma forma que respeita o espaço do outro. Envolve expressar os próprios sentimentos, pensamentos e ruminações, incluindo a vergonha sentida em relação aos mesmos. Ao assumir estas inseguranças e supostas fraquezas, oferecemos à pessoa parceira a oportunidade de nos ver vulneráveis, permitindo-lhe também que nos tente securizar e ajudar a reparar a *"ferida"*. O foco, numa interação com estes contornos, deixa de estar no controlo – do ciúme e da pessoa parceira – e migra para uma atmosfera de compreensão mútua, sintonia emocional e intimidade, ancorando assim a (re) construção da confiança profunda.

Esta honestidade radical envolve ser-se autêntico, confiável, compreensivo e capaz de tolerar a autonomia da pessoa parceira. Isso significa expressar-se abertamente, não *sem* medo de julgamento ou rejeição, mas *apesar* desse medo. Não podemos fugir do medo, mas podemos controlar o medo do medo. Ao estarmos ancorados no nosso cerne, na nossa autenticidade, construímos um terreno de confiança mútua, pois a pessoa parceira sabe que do nosso lado pode contar com sinceridade e transparência. E podemos ocupar cada vez mais esse lugar, construindo assim, também, uma ideia mais sólida e robusta de quem somos. Além disso, a honestidade radical treina uma competência absolutamente essencial nas relações: a de nos colocarmos nos sapatos da outra pessoa, aceitando que o ponto de vista molda a perspetiva, acolhendo as emoções e perspetivas dos outros, e demonstrando empatia e compaixão. Isto ajuda a criar um ambiente em que ambos se sentem valorizados e compreendidos na sua experiência, valorizando também a autonomia e as escolhas livres, mesmo que diferentes entre parceires, promovendo uma interação mais respeitadora e paritária, e reequilibrando o poder na relação.

Nada é seguro no amor. Apaixonar-se é sempre arriscar atravessar uma ponte de madeira quebradiça, cheia de armadilhas, quando sabemos perfeitamente que o rio lá em baixo está cheio de crocodilos que nos vão destruir. Sabemos, também, que se chegarmos ao outro lado, encontramos o outro ou, se esse já não ocupar esse lugar, encontrar-nos-emos a nós próprios. Atravessemos, então.

A ESTÓRIA

Boris é o filho mais novo de Nicolau e Nazaré e refere ter experienciado uma infância relativamente feliz, apesar do intenso trabalho dos pais, que mantinham em casa os mínimos para responder às necessidades emocionais dos filhos. Foi muito acompanhado pelos irmãos, mas na adolescência um certo evento de *bullying* perto da escola – onde foi cercado por supostos amigos e insultado, humilhado e até agredido durante várias horas, sem que nenhum transeunte se tivesse dignado a interromper a tortura – deixou marcas, contribuindo para o desenvolvimento de uma perturbação de ansiedade generalizada[3]. Os pais perceberam e Boris iniciou acompanhamento psicoterapêutico ainda adolescente, com um profissional de psicologia clínica que, apesar de ter sido interrompido, por razões económicas, cedo demais, lhe permitiu desenvolver algumas ferramentas de controlo da ansiedade. Seria para sempre alguém tendencialmente ansioso, mas conseguia que isso não comandasse a sua vida e, sobretudo, as suas decisões.

Bia não teve uma infância melhor, bem pelo contrário. A sua família tinha problemáticas mais graves. Havia a suspeita de alcoolismo do pai, mas o que verdadeiramente perturbou a vida familiar

3 - A perturbação de ansiedade generalizada é uma perturbação psiquiátrica caracterizada por preocupação excessiva, persistente e sem justificação, sobre situações ou eventos ansiogénicos, frequentemente acompanhada de cansaço, irritabilidade, dificuldades de concentração, insónia, entre outros sintomas. São pensamentos e sentimentos difíceis de controlar, que interferem significativamente na vida quotidiana. É diagnosticada quando os sintomas estão presentes, sem outra explicação, na maioria dos dias, durante pelo menos seis meses. O tratamento geralmente envolve preferencialmente psicoterapia, podendo ser necessário acompanhamento psiquiátrico e medicação específica.

foi o seu profundo machismo, que aniquilava qualquer expressão de autenticidade ou identidade por parte de mãe e filha. Foi um alívio e não um luto, quando o pai saiu de casa, tinha Bia cerca de 13 anos. Com efeitos quase imediatos, Bia viu a sua mãe renascer, transformando-se de uma mulher exausta, apagada e pouco disponível para a filha, numa mulher interessante e interessada, aliviada das tarefas extra sempre anexadas à rotina de cuidar de um homem adulto que não só não cuidava de si, como não assumia responsabilidades domésticas, logísticas, financeiras e emocionais. A vivência desta negligência e maus tratos emocionais na infância também contribuiu para que Bia desenvolvesse alguma adaptação ao seu ambiente instável e inseguro, que mais tarde se consubstanciava num permanente estado de alerta, baixa autoestima e dificuldades em regular as emoções. Quando confrontada com uma emoção mais intensa, Bia tendia a ficar muito aflita e ansiosa, o que rapidamente se traduzia numa reatividade emocional exuberante. Ora, isto não dava mesmo jeito nenhum, especialmente quando começou a namorar com Boris, já que este, também por questões traumáticas, tinha desenvolvido uma tendência para reagir a emoções e sentimentos intensos afastando-se dos outros. De facto, era como se ambos tivessem muito medo do abandono, que ninguém estivesse lá para eles, mas reagiam em direções opostas, já que enquanto Bia pensava "Vai-me abandonar, tenho de me *aproximar* para me proteger", Boris imaginava "Vai-me abandonar, tenho de me *distanciar* para me proteger".

Conheceram-se no sítio onde, mais tarde, e tantas vezes ao longo da relação, tiveram as piores discussões, na estação de comboio, charneira entre os vários lugares em que experimentavam diferentes dimensões da sua identidade. De alguma maneira, essa era sempre a metáfora da relação, os comboios que andavam depressa demais, as distrações que os faziam sair na estação errada, e a sensação de profunda insegurança que implica amar. Foram rapidamente morar juntos, um T0 na malha suburbana de Lisboa, onde mal cabiam os dois mais uma gata que, entretanto, os tinha adotado. Empregos precários e formação subsidiada iam aguentando o jovem casal, que mesmo quase sem gastos em lazer ou superficialidades, mal conseguia chegar ao final do mês com o frigorífico adequadamente apetrechado.

Esta precariedade, em grande parte responsável por um quotidiano com pouca rede social e pouco espaço pessoal, apenas exacerbava o que já seriam algumas dificuldades relacionais expectáveis: a falta de estabilidade emocional na família de origem de Bia deixou-a insegura em relação ao amor, pelo que procurava constante validação e segurança na relação com Boris, o que amiúde se manifestava em ciúmes excessivos. Já Boris mantinha uma sensação de constante inquietação, e estava frequentemente preocupado, ou melhor dizendo *"Pré-Ocupado"* em antecipação dos ciúmes de Bia. Habitualmente, evitava situações ou atividades que pudessem espoletar o ciúme de Bia, e, por isso, limitava a sua própria liberdade e autonomia, o que por sua vez, o fazia sentir mais stressado e ansioso. E vazio. Os últimos meses não tinham ajudado, o divórcio dos pais, marcado pelos ciúmes da sua mãe decorrentes da infidelidade do pai, tinha-lhe colocado um triplo peso em cima: lidar com a dor da separação, gerir os sentimentos de repulsa e de incompreensão que tinha pelo pai, e ser constantemente chamado para ajudar a mãe a recompor-se após mais uma discussão com o pai, um peso profundamente injusto que nenhum filho deveria sentir, já que a principal função dos pais é ajudar, não serem ajudados. Para ambos, estava a começar a ser muito difícil simplesmente relaxar ou ter motivação para outros projetos ou aventuras profissionais ou sociais.

A relação estava a transformar-se num sugadouro de energia. Viviam neste casulo, numa bolha sem ar, sem pessoas, e com as suas ansiedades a preencherem o espaço todo.

A TERAPIA DE CASAL

Sessão 5

Luana: Muito bem, estou muito curiosa para saber o que é que mudou desde a última sessão.

Boris: O que mudou? Acho que nada, está tudo igual!

Bia: Sim, na mesma como a lesma...

Luana: Gostava que pensassem um bocadinho melhor. Pode ser uma mudança pequenina, mínima mesmo, em cada um ou na relação. Mas tenho a certeza absoluta de que algo mudou. Conseguem descobrir o quê?

Boris: Tenho mesmo alguma dificuldade em pensar o quê... E tu?

Bia: Eu, por acaso, acho que houve algo que mudou, sim. As discussões.

Boris: Sim, as discussões mudaram desde que instaurámos aquelas regras do *time-out* e do abraço, mas isso acho que foi logo depois da primeira ou segunda sessão, não foi agora.

Luana: Desculpem, deu-me uma branca, qual era a regra do abraço?

Boris: Quando estamos numa discussão que está a ficar feia, ganha quem interromper primeiro e pedir um time out ou um abraço.

Luana: O mais maravilhoso de trabalhar com casais é que quase sempre vocês são mais criativos do que eu. Mudam as tarefas que proponho, e elas ficam ainda melhores! Não foi nada disso que eu disse, mas acho genial. E podem-me descrever de que forma é que isso tem ajudado? Como é que funciona?

Bia: Pois, eu acho que tem mesmo funcionado, por acaso. Na quinta-feira, lembras-te? Eu estava irritada porque foste a correr ter com a tua mãe. Havia um dos dramas do costume e eu naquele fim de tarde não me, ou *"nos"*, estava a sentir muito bem, tinha-te dito que queria mesmo ter uma cena nossa, só nossa. Estava assim um bocado… carente, acho eu.

Luana: Estava a precisar de um aconchego emocional, era isso?

Bia: Exatamente isso. Mas pronto, ele lá foi salvar a mãe de si própria e eu fiquei à espera. E não só fiquei à espera muito tempo, como ele não me dizia absolutamente nada, nem uma mensagem, nem um *"janto, não janto"*, nada. Eu… passei-me um bocado, desatei logo às mensagens e não fui nada querida. Passo-me com estas correrias para a mãe dele, parece que não se conseguem organizar sem os filhos, estão sempre a metê-los ao barulho... E ele não aprende. O divórcio dos pais é assunto deles, eles não têm nada que o estar a envolver, mas ele não aprende, vai lá sempre direitinho e depois arrepende-se, claro!

Boris: Pronto, já sabemos que é assim que funciona, mas aquilo era mesmo uma emergência e não dava para não ir. Podia ter sido mais atencioso com a Bia? Sim, podia, mas estava a sentir-me puxado em todas as direções e a saber que em alguma iria falhar de certeza. Já estava super ansioso, já sabia que ia correr mal antes de começar. Mandei a dada altura uma mensagem a dizer que aquilo para os meus lados estava mesmo pesado, mas que ia e queria jantar com ela, que já não demorava. Quando cheguei a casa, exausto e já com um peso brutal na cabeça do que vi em casa da minha mãe – basicamente eles os dois completamente desgovernados –, estava a Bia completamente desnorteada também. E não havia nada que eu pudesse fazer. Ou então não fiz nada certo.

Luana: Essa situação com os seus pais é muito difícil e está-lhe a colocar o tal peso em cima, como disse, que não é seu, tal como disse a Bia. Temos de voltar aí mais tarde. Mas agora quero mesmo saber, como é que chegam daí ao abraço ou ao *time out*?

Bia: Bom, quando ele chegou a casa, ele tem razão, eu entrei logo a matar, modéstia à parte, e a discussão cresceu rápido.

Luana: Pois, já sabemos que isso dá mau prognóstico, discussões a crescerem rápido.

Bia: Sim, mas aconteceu algo diferente, nesse crescendo. Não sei explicar muito bem, mas foi como se cá dentro quisesse muito estar já no *"depois"* da discussão, já só queria a parte de estar bem, já não queria estar ali naquela luta... apesar de ter razão – que tinha –, já não me apetecia lutar por isso. Queria só... estar com ele.

Luana: Colo? Mimo? Reparação?

Bia: Sim, isso tudo...

Boris: Eu acho que foi muito gira a forma como aconteceu porque ela, tipo, no meio da discussão, muda o tom de voz, baixa o tom, e diz devagarinho: *"Não quero mais estar a discutir isto agora, se quiseres, podemos continuar depois, mas agora posso só dar-te um abraço sem dizemos mais nada?"*. Foi... incrível. Acho que senti uma coisa dentro de mim que nunca tinha sentido. Derreti, só queria enrolá-la e engoli-la naquele abraço.

(sorriem em silêncio e a terapeuta também)

Bia: Foi um alívio tão bom. Foi assim quase como um enorme respirar fundo, tipo *"Ahhh... era mesmo isto, era mesmo aqui que eu queria estar"*.

Luana: Maravilhosa. Acho maravilhosa a vossa capacidade para se conseguirem encontrar no meio do caos, é uma competência mesmo muito importante esta de conseguir ver o outro no meio da tempestade, mas vocês aqui fizeram ainda mais, conseguiram ver-se a si próprios durante a zanga. Isto acontece muitas vezes com aquilo a que chamamos emoções negativas, que de facto não existem, nenhuma emoção é negativa, é só uma expressão de qualquer coisa. Foi o que aconteceu aqui. A Bia, particularmente, teve a perfeita noção de que a sua necessidade mais premente, e ilustrada *"do lado de fora"* pela zanga, era de facto uma necessidade de conexão, proximidade e colo.

Bia: Foi bom. Gostava que acontecesse mais vezes.

Boris: Podes crer.

Luana: E o que acham que é preciso acontecer para isto ser mais frequente?

Boris: Eu acho que isto foi um bocadinho aleatório, não sei se há de facto qualquer coisa que nós possamos fazer para isto acontecer... talvez não ver o outro como um inimigo. Nas nossas discussões, muitas vezes, sinto isso, que ela me vê como o inimigo.

Bia: Mas isso é na questão dos ciúmes e, aí sim, é mais difícil. Acho que não consigo fazer essa viragem súbita nas discussões de ciúmes.

Luana: O que é tão diferente nesses dois tipos de discussão?

Boris: Para já, as de ciúmes duram dias... e têm componentes mais *"fora"*!

Luana: *"Fora"*, como assim?

Boris: A Bia fica obsessiva, não para de pensar naquilo, fica mesmo enrolada, cria cenários que não existem e empurra-me para sítios onde eu não sei mesmo o que dizer. Mas acho que é melhor ser a Bia a contar.

Luana: Sentem-se prontos para mergulhar? Na primeira sessão, disseram que os ciúmes eram o vosso principal problema, mas que ainda não estavam prontos para falar disso, daí que tenhamos ido primeiro mais à forma das discussões do que ao conteúdo.

Bia: Sim, acho que tem de ser. Mas eu tenho... sei lá, nem sei. Sinto-me um bocado embaraçada com as coisas que faço. Não gosto nada da imagem que passo, quando estou nesse estado.

Luana: Isso preocupa-a? Essa imagem?

Bia: Sim, acho feio. Quando estou nessa *vibe*, peço-lhe para ver as mensagens no telemóvel e estou sempre em cima das redes sociais dele. Logo aí, dá para ver que estou insegura, não é? Às vezes, é insuportável não saber onde ele está ou com quem está. E pergunto onde e com quem, não me consigo conter, o que só me faz sentir pior ainda.

Luana: Duas coisas que me parecem muito importantes aí. Primeiro, isso traz-lhe um sentimento de vergonha. O que é muito chato, porque a vergonha é das emoções mais desconfortáveis de sentir, não é? Já pensaram? E, depois isso, é duplamente penalizante, sentimos vergonha por estar a sentir supostamente algo *"feio"* e *"que não é correto"*, ou seja, vergonha de estar a sentir a própria vergonha, não é?

Boris: Nunca tinha pensado nisso. Não deve ser nada fixe, mas acho que é isso mesmo que a Bia sente.

Luana: Ainda bem que a Bia está aqui para nos dizer!

Bia: Acho que é, sim! Vergonha da vergonha – é horrível!

Luana: Sabe o que é engraçado? É que o ciúme não é feio, tal como a zanga não é feia, nem a tristeza, nem a angústia, nem a timidez, nem a alegria nem etc. e tal. Porque raio decidimos que coisas que já existem cá dentro e estão simplesmente só a existir, são feias? O ciúme, particularmente, é um sentimento como qualquer outro, existe e deve ser acolhido, não escorraçado para um canto, vergastado e humilhado. O ciúme existe, é normal.

Bia: Estou a pensar nisso pela primeira vez. Não tenho de ter vergonha de ter ciúmes. Nem vergonha da vergonha...

Luana: É importante perceber que pode relaxar um bocadinho nesse estado. Sabemos que não é o estado mais relaxante do mundo, certo? Mas não é mesmo preciso torná-lo pior ao ter vergonha dele. Chico Buarque diz uma coisa muito gira sobre o ciúme, que sempre me fascinou por ser tão contrário à forma como normalmente pensamos nele. Vou-vos ler a citação: "*O ciúme é um sentimento para proclamar de peito aberto, no instante mesmo de sua origem. Porque ao nascer, ele é realmente um sentimento cortês, deve ser logo oferecido como uma rosa. Senão, no instante seguinte, ele se fecha em repolho, e dentro dele todo o mal fermenta*[4]." O que acham disto?

Bia: Uau. Isso assim, só isso tira-me imenso peso de cima, nem sei explicar porquê. Mas vou copiar isso para o telemóvel. Tenho de ter isso à mão.

Boris: Eu acho que percebo aí uma coisa nova. É que no seu início, mesmo quando começa, assim devagarinho – eu sei, porque também às vezes tenho, só não é tão explosivo como o dela –, o ciúme é um movimento de aproximação, não é? É uma espécie de pedido de colo. E isso por si só, como disse, não tem mal nenhum. O mal vem depois.

Bia: Pois, se calhar o mal vem de eu não conseguir aceitar a imagem que tens de mim quando estou com ciúmes. E depois estrago tudo.

---

4 - Do livro "Leite Derramado", de Chico Buarque.

Luana: O que acontece depois?

Bia: Então, depois daquele início, dos pedidos das mensagens e do controlo todo, fico com uma sensação de exposição terrível. Tipo, completamente nua frente a ele. Não o nua normal, isso não tenho assim tantos problemas em estar, é um nua da alma, do coração, da cabeça, tudo despido, super exposto...

Luana: Super vulnerável também. E isso é muito autêntico, não é? Diria até mais, se a Bia conseguisse assumir essas emoções e sentimentos como parte de si, da sua autenticidade, e se os conseguisse comunicar ao Boris, mesmo sabendo que iria dar trabalho, isso seria o que chamamos de honestidade radical. Consegue ver?

Bia: Talvez. Mas não é nada confortável.

Luana: Imagino que não. E agora vem o outro lado, porque nada disto existe só individualmente. Como é que o Boris reage quando a Bia está assim, nua, vulnerável nessa ciumeira toda?

Bia: Mal. Reage mal. Afasta-se.

Luana: O que deve fazer a Bia sentir-se...?

Bia: Mais envergonhada. Mais aflita. E super culpada também. As outras pessoas não são assim. São normais.

Luana: Tem a certeza? É que eu vejo muitas pessoas precisamente assim. O normal é apenas uma figura da nossa imaginação. Boris, pode explicar um bocadinho à Bia essa reação de afastamento?

Boris: Afasto-me para tentar conter aquilo que parece um comboio imparável. Já vou reconhecendo os sinais: as perguntas, os pedidos, as cenas com o telemóvel, começa a mandar bocas e a ficar sarcástica... e se esse comboio não para – desculpa *babe*, mas acontece muitas vezes –, fica agressiva. Já me chamou nomes, acusa-me de tudo e mais alguma coisa... e depois faz jogos, começa a fazer joguinhos.

Luana: Que tipo de joguinhos?

Boris: Tipo, ameaças. Que se vai embora, que vai ela fazer e acontecer, que a partir de agora é que eu vou ver como é que é... que um dia ela desaparece e depois é que vai ser, fica uma cena mesmo feia e aí eu fico com medo que ela faça alguma coisa.

Bia: É porque estou aflita e, naquele momento, isso ocupa todo o espaço da minha cabeça, da minha vida. E eu não quero ser assim. E parece que não há volta a dar. Mas é uma coisa de momento, depois passa.

Luana: Bia, não podemos passar por cima disso. Pode explicar que tipo de pensamentos são esses? Parece-me algo de importante.

Bia: Sim, mas calma, não é assim tão grave como ele descreve. Quando eu era adolescente, numa fase de maior stress com o meu pai, cheguei a ter pensamentos sobre a morte. Tipo, imaginava alguns cenários, era uma coisa mesmo dura. Mas foi aí que fui à psicóloga e percebi o que era ideação suicida[5], que era grave e fiz o meu percurso. Nunca mais tive nada do género.

---

5 - Ideação suicida refere-se a pensamentos recorrentes sobre tirar a própria vida, é um sintoma grave normalmente associado a outras perturbações de saúde mental, como a depressão, e tendem a ser acompanhados por sentimentos de angústia profunda, vazio, tristeza, desesperança e incapacidade de se projetar no futuro (Sampaio, 2000). A intervenção psicológica e psiquiátrica são essenciais, já que esta problemática necessita de uma avaliação e plano de tratamento específicos. É também importante, em paralelo, manter uma rede social ativa, falar destes pensamentos ou das angústias que os acompanham com pessoas próximas, manter rotinas de sono, alimentação e exercício adequadas e participar em atividades prazerosas. Caso se sinta em perigo imediato, o mais adequado é ligar para os serviços de emergência locais (112, em Portugal) ou dirigir-se ao hospital mais próximo, já que estes são serviços com pessoas treinadas para ajudar nestas situações. Sempre que possível, para sua segurança, convém ir acompanhado por alguém de confiança.

Boris: *OK*, eu sei disso, mas na altura... fico com medo. Mas eu sei que não é disso que estamos a falar, eu sei que não. Mas é muito assustador.

Luana: O que sente, Boris? Para além desse medo?

Boris: Frustração. Ansiedade. Mais ainda do que normalmente e, como sabe, a minha ansiedade já não é exatamente pequena. E cansado, muito cansado, de não sairmos desse ciclo.

Luana: E isso fá-lo fazer o quê?

Boris: Às vezes, fico confuso com isto tudo. E afasto-me, sim, a Bia tem razão, afasto-me sempre. Para conter. Para não dar trela.

Luana: Mas pelos visto esse *"não dar trela"*, não está a funcionar. Bia, o que vê nesse *"não dar trela"*?

Bia: Que ele está farto, que não pode mais. E que no fundo, no fundo, não me quer.

Boris: Mas não é nada disso... eu não sei é o que fazer para tu me veres, para me veres como eu sou e não como esse monstro que tu vês em mim quando ficas assim. Fico com raiva, não de ti, mas disto tudo. Fico destruído. Triste. E fico paralisado também, não sei o que fazer mais, só sei que naquele momento tu não me queres, não me podes ver à frente. E afasto-me para ver se te paro de fazer mal (silêncio).

Luana: Bia, o que está a sentir agora, ao ouvir o Boris dizer isto?

Bia: (silêncio) Que se calhar queremos os dois a mesma coisa nesses momentos. Não tinha percebido que era por isso que ele se afastava. Tu não me fazes mal, babe.

Boris: Mas é o que parece. E fico com a minha ansiedade mesmo lá em cima. Não sei o que posso fazer para evitar que tu arranques com esse comboio desabrido. Fico paralisado. Confuso. E afasto-me, sim.

Bia: Eu não quero que te afastes, só me faz sentir pior.

Luana: Bia, o que me parece que está a dizer é que precisa que o Boris entre neste cenário mais cedo, e de uma forma diferente. Como é que podia ser?

Bia: Não sei. Mas se calhar ajudava se ele falasse mais, no momento, sobre o que está a sentir. Se calhar, bastava dizer isso: *"Estou confuso, não sei o que fazer"*.

Luana: Acha que era capaz de o ouvir, nesse momento? De verdadeiramente o escutar?

Bia: Acho mesmo que sim, se fosse mais cedo do que mais tarde. Se calhar, evitava que eu continuasse com o tal comboio desgovernado.

Luana: Podem tentar, na próxima vez que acontecer?

Boris: (silêncio) Posso tentar. Vou tentar. Só dizer o que sinto?

Bia: Sim. Eu tento ouvir.

Luana: Isso é o que chamamos de corregulação, quando estamos a sentir uma necessidade muito forte do outro, e em vez de atacar ou fugir dessa sensação, comunicamos frontalmente o que estamos a sentir, assumindo as nossas falhas e imperfeições, e ficando – como disse a Bia – um bocadinho expostos, mas disponíveis para receber esse conforto, mesmo quando sentimos que foi ele que *"nos colocou"* nesse estado. E quem sabe não vem daí um daqueles abraços? E quem sabe se não era mesmo isso que estávamos a precisar?

Sessão 7

Luana: Pediram-me para marcar esta sessão antes do tempo, pareceu-me haver aqui alguma urgência. Aconteceu alguma coisa?

Boris: Aconteceu e está a acontecer. Bia, queres começar?

Bia: Sim, no outro dia estávamos a falar, assim em modo fofinho, depois de termos... pronto, ido para a cama, depois de termos relações.

Luana: *OK*, estavam no *aftercare*[6], numa espécie de *debriefing* erótico, aqueles momentos em que o corpo vai voltando à sua base depois de toda aquela intensidade, quando se fala um bocadinho sobre o que se gostou mais, o que gerou curiosidade, o que deixou vontade...

Boris: Bom, nós não falamos assim tanto, mas estou a gostar dessa abordagem...

Bia: Sim, normalmente não aprofundamos, mas até estávamos a falar de cenas de cama e que estávamos os dois a gostar... a gostar mais de sexo. Um com o outro. Acho que no início da relação, apesar da paixão e isso tudo, não encaixávamos muito bem, eu era um bocado mais tímida e sem muita iniciativa, ele sempre muito ansioso, não era assim super fácil.

---

6 - Traduzido livremente significaria algo como "cuidados no pós". É um termo frequentemente usado no contexto de relações sexuais consensuais e refere-se ao cuidado e atenção que as pessoas parceiras devem relativamente umas às outras, podendo incluir atividades como abraçar, conversar, fornecer conforto emocional e físico e garantir que todes estejam confortáveis e segures. Tal pode ajudar a diminuir a ansiedade e o stress que podem surgir após momentos de vulnerabilidade no contexto erótico, particularmente durante dinâmicas que envolvam o exercício consentido de poder, força ou guiões mais específicos de BDSM, por exemplo. O aftercare regular contribui para uma atmosfera relacional de confiança e intimidade, e a uma experiência sexual mais satisfatória e positiva.

Boris: E eu estava precisamente a dizer-lhe que curtia muito que ela agora tivesse mais iniciativa. Fico eu logo muito mais entusiasmado. E aí disse que até andava mais excitado... e pronto, aí começou a correr mal.

Bia: Eu ouvi esta cena do mais excitado e perguntei-lhe se ele se andava a masturbar, tipo, não sei, fiquei curiosa, saiu-me.

Luana: E nunca tinham falado de masturbação antes?

Boris: Por acaso, sim, mas foi logo no início da relação, nada de especial.

Bia: Sim, acho que ambos tínhamos noção que o fazíamos, mas não falávamos nisso.

Luana: Portanto, nunca foi um problema? Então o que fez desta vez algo de especialmente problemático?

Bia: O problema foi a seguir. Ele disse que sim, que até mais do que antes e eu aí fiquei logo desconfiada, alerta.

Luana: O comboio ligou os motores.

Bia: Ora aí está, ligou os motores. Fiquei assim calada um bocado e depois perguntei-lhe no que é que ele pensava enquanto se masturbava.

Luana: Hum... terreno bem privado, esse.

Boris: Olhem... eu por acaso não acho que haja nada de errado com a pergunta.

Luana: Depende, é preciso que se consiga lidar com a resposta.

(silêncio)

Bia: Pois.

Boris: Mas a resposta foi o mais normal possível. Disse-lhe que muitas vezes pensava nela, e até em momentos que já tivemos juntos e que me ficaram gravados na memória, e outras vezes pensava em pessoas *random*, que nem conheço, às vezes, personagens inventadas, às vezes, nem caras têm. E várias vezes, desde sempre, via pornografia e era nesse cenário que acontecia.

Bia: E eu não consegui lidar. Nem lidar, nem conter, nem abraço, nem nada. Senti-me horrível, nem conseguia olhar para ele. Senti repulsa. Senti raiva. Olhem, nem sei, senti tudo.

Boris: E o pior foi a seguir. Ela começou a perguntar quando é que isso acontecia e eu disse-lhe que muitas vezes era à tarde, que é quando estou sozinho em casa. Pronto e ela passou-se. Como é que eu era capaz de fazer isso no computador de casa, no espaço que nós partilhamos, etc. Mas quer dizer, nós vivemos juntos, eu só estou sozinho em casa quando ela não está, não há grande hipótese. É o tempo que eu tenho para mim e não vejo mal nenhum nisso.

Bia: Não percebo. Se eu estou a chegar a casa poucas horas depois, porque é que ele não espera por mim?

Boris: Ó Bia, porque é diferente, eu estar contigo é uma coisa, eu estar sozinho é uma cena mais minha, sempre foi.

Luana: *OK*, portanto, quando confrontada com a forma como o Boris explora a sua própria sexualidade individual, sentiu-se... traída?

Boris: Completamente, foi isso mesmo.

Luana: Boris, é muito bom vê-lo agora mais participativo nas consultas, mas neste momento preciso mesmo que deixe a Bia organizar o seu próprio pensamento, é importante percebermos a experiência dela, no tempo dela.

Boris: Sim, claro, força, Bia.

Bia: Sim, mas é isso. Traída. Não acredito que ele não me contou isso. Eu sei que a masturbação não tem nada de errado, sei que é saudável e sei por experiência própria também. Sempre achei é que era comigo que ele fantasiava. E muito menos achei que via pornografia. E pelos vistos, vê todas as semanas que eu confirmei no histórico do computador. E do telemóvel.

Luana: A Bia tinha expectativa de já estar na posse desse tipo de informação? Estou a tentar perceber a sua surpresa, já que a visualização de materiais eróticos ou de pornografia é muitíssimo frequente.

Bia: Eu acho que isso é traição. É fantasiar com outras pessoas.

Luana: *OK*, isso é uma possível definição de traição, mas vocês definiram isso no início da relação? Que fantasiar com outros ou ver pornografia era traição?

Bia: Não, mas para mim é evidente.

Luana: *OK*, mas consegue colocar a hipótese de para o Boris isso não ser exatamente visto da mesma forma?

Bia: Mais ou menos. Tenho dificuldades.

Boris: Mas isso ainda não foi o pior e acho que a Bia devia mesmo contar o que aconteceu a seguir.

Luana: Bia, quer dizer alguma coisa?

Bia: Sim. Não foi bonito. A discussão subiu e eu proibi-o de ver pornografia no computador de casa. E como não confio nele, também o proibi de estar em casa sozinho sem mim.

Luana: Hum. Parece-me algo… extremado. O que fizeram?

Boris: É assim, eu fiquei completamente desorganizado, não sabia o que fazer, não tinha argumentos para lutar contra o que ela estava a fazer, ou pelo menos não consegui pensar em mais nada sem ser o que já lhe tinha dito, que isso era a minha privacidade e que eu tinha direito a ela. Mas acabei por aceitar, quer dizer, se era algo que ela precisava mesmo, pronto. E sim, durante dois dias não estive em casa sem ela.

Luana: Uau. Portanto o Boris sentiu claramente que os seus limites estavam a ser ultrapassados, mas achou que se cumprisse a imposição da Bia, iria sossegá-la. Como é que isso correu?

Bia: Não correu bem, claro. Senti-me estúpida. Horrível. E, ao fim de dois dias, disse-lhe que isto não fazia sentido nenhum e devolvi-lhe as chaves de casa.

Boris: Sim, ela tinha-me mesmo tirado as chaves, para eu não estar em casa sozinho. Foi super humilhante.

Bia: Eu percebo isso agora. E já te pedi desculpa. Sei que pisei uma linha nada fixe. Estava descontrolada também.

Boris: E eu aceitei as desculpas, mas isto magoou-me.

Luana: Bia, estava aqui a pensar, e eu não preciso dessa informação específica, mas a Bia partilhou com o Boris alguma informação relativamente a si? Às suas preferências eróticas a nível mais individual?

Boris: Não. Nunca.

Bia: Isso são coisas que só a mim me dizem respeito.

Luana: Pois, é perfeitamente natural isso. E quando ouve a minha pergunta, consegue identificar o que sente?

Bia: Sim. Acho que sim. Sinto, tipo, um bocadinho como se estivessem a invadir a minha privacidade.

Luana: Pois, e podem estar. E quando sentimos que os nossos limites estão a ser pisados, devemos dizer ou fazer qualquer coisa, como a Bia acabou de fazer. Muito bem. Eu não estou a dizer que as fantasias individuais não devam ser partilhadas, conheço muitos casais onde isso funciona muito bem, mas tal como em tudo, não é para todos, nem é em todas as fases da relação. E quando a Bia me diz que eu estaria a invadir a sua privacidade, a sua autonomia, se lhe perguntasse quais são as suas fantasias, isso são as suas partes saudáveis a falar, a protegê-la, a garantir que a Bia tem limites saudáveis, que consegue proteger a sua privacidade.

Bia: Eu sinto isso como saudável. Comigo, mas com ele é diferente, parece-me algo... sujo.

Luana: De onde acha que vem isso?

Bia: Pois, eu estive a pensar nos dias a seguir e acho que vem muito dos meus pais. Eu cheguei a descobrir, quando era pequena, pornografia do meu pai e aquilo meteu-me imenso nojo.

Luana: Faz sentido. É protetor que haja um tabu, uma linha que separa a sexualidade dos pais da sexualidade dos filhos. É higiénico, por assim dizer. Essa repulsa também foi saudável. Só questiono porque se manteve durante tanto tempo, ou seja, como é que isso sobreviveu até agora?

Bia: Acho que tem a ver com o contraste entre isso e depois o quanto os meus pais me castravam, de alguma forma. Não podia sair, não podia ter namorados, não podia usar decotes, nem saias curtas. Às vezes, chamavam-me nomes que me faziam sentir suja.

Luana: Isso é muito duro, Bia, lamento profundamente que tenha passado por isso. A emergência da sexualidade e a expressão da sexualidade é algo de natural e benéfico ao longo da adolescência. É normal haver alguma tensão entre pais e filhos e é natural que os pais sejam surpreendidos quando percebem que têm um ser sexual em casa, mas ninguém tem o direito, nem mesmo os pais, de humilhar, envergonhar ou, como disse, castrar a expressão da sexualidade individual, embora isso seja ainda mais frequente em meninas, mulheres e minorias de género.

Bia: Acho que por isso é que tenho muitas dificuldades em pensar no Boris assim. Soa-me a traição, ele sentir desejo por outras pessoas.

Boris: Mas eu não sinto! São fantasias.

Luana: Mesmo que sentisse, uma coisa é sentir desejo por outras pessoas, outra coisa é violar a confiança do parceiro e quebrar o contrato de fidelidade que o casal tem. Isso nunca aconteceu, pois não?

Bia: Não. Tenho a certeza que o Boris nunca me traiu.

(silêncio)

Boris: Mas olhando para a forma como tu reages, parece que eu estou sempre atrás de outras miúdas e francamente não estou e tu sabes disso.

Luana: Bia, o que acha que consegue quando estra nesse estado? O ciúme ou esses comportamentos servem-lhe para quê? Consegue fazer esse exercício de reflexão?

Bia: Eu acho que servem para nos tornar mais próximos. Quer dizer, depois corre mal e discutimos e não ficamos nada próximos, claro. Mas no durante, fica tudo super intenso. E isso sossega-me.

Luana: Isso é muito interessante. Está basicamente a dizer que precisa de intensidade e que se ela não vem pelo bem, que venha pelo mal.

Boris: Bem, isso é... perverso.

Bia: Mas acho que não está totalmente errado. Boris, nós, no último ano, desde que começámos a viver juntos, não temos propriamente tido muitos momentos espetaculares só os dois. A nossa vida é sempre a mesma coisa. Trabalho, escola, casa, ver séries, jogos e dormir. Quase não saímos. Estamos sempre juntos, mas parecemos cada vez mais longe. E, sim, nestes momentos ficamos mais perto.

Luana: É mesmo importante o que acabou de dizer, e voltando à questão da autenticidade, não se podem esquecer que vocês se apaixonaram por uma pessoa muito concreta, com valores, ideias, sentimentos, história, traumas, gostos. Vocês são pessoas diferentes, separadas, não são gémeos. E em termos de sexualidade, ainda bem, certo? Precisamos de alguma diferença e espaço para desejar o outro.

Boris: Eu acho que nós devemos ter direito à nossa privacidade.

Bia: Eu na teoria também acho que sim. E eu não quero mandar em ti. Ou no teu corpo.

Boris: Mas às vezes, parece.

Luana: Temos estado a trabalhar a forma como vocês comunicam, a vossa corregulação. A maneira como estão a aumentar a confiança para trazer mais a vossa autenticidade para a relação, mesmo que seja arriscado e doloroso. E tem estado a funcionar, cada vez mais conseguem partilhar emoções e sentimentos e tolerarem aquela tensão de se sentirem expostos – isso tem aumentado muito a vossa compreensão mútua. Mas há aqui dois pontos que ainda estão muito difíceis e que neste episódio foram muito bem ilustrados: a vossa privacidade e autonomia.

Bia: Eu lamento mesmo aquilo que aconteceu. Foi violento, eu percebo isso. Não vou fingir que não me faz impressão, mas eu concordo que é boa ideia termos alguns limites em relação à privacidade um do outro. E não me vou meter mais na vida íntima do Boris.

Luana: Bom, eu desconfio que o Boris quer que se meta na vida íntima dele, mas com alguns contornos. Acham que conseguem ter essa conversa em casa? Sobre o que é que nos próximos tempos devem ser os tópicos mais interessantes para explorarem os dois e que tópicos devem deixar nas gavetas privadas, por enquanto?

Bia: Vamos marcar no calendário.

Boris: Até acho que devia ser uma conversa semanal.

Bia: Metemos em modo repetição.

Luana: Não o diria melhor. Até breve!

AÇÃO DIRETA

Respiração diafragmática:

Este é simultaneamente um exercício e uma competência. Deve ser feito preferencialmente duas a três vezes por dia, durante 5 a 10 minutos de cada vez. Alarmes no telemóvel ajudam para estas coisas.

- Com o corpo num sítio confortável, a inspiração é feita devagar, orientando todo o ar para a barriga (não o peito), que deverá subir visivelmente à medida que o ar entra.
- Em seguida, a expiração é feita o mais lentamente possível.
- Ao entrar nesse ritmo lento, podem ser iniciadas contagens mentais para organizar os ciclos de respiração: até 4 na inspiração e 6 ou 8 na expiração, com pausas de dois segundos entre cada um dos movimentos.
- Ouça e respeite o seu corpo durante este tipo de atividades. Pare se sentir que algo não está bem.

Respiração consciente em casal:

Este tipo de exercício conjunto pode ajudar os casais a aumentar a sua sintonia e conexão, reduzindo a tensão e a ansiedade, e promovendo a corregulação, cultivando assim a intimidade emocional.

- Sentem-se confortavelmente frente a frente, num sítio calmo.
- Comecem respirando profundamente, inspirando pelo nariz e expirando pela boca.
- Iniciem a respiração juntos, tentando sincronizar o ritmo respiratório.
- À medida que respiram juntos, concentrem-se nas sensações físicas e emocionais.

- Continuem a respirar num ritmo conjunto por alguns minutos, permitindo-se estar presentes um para o outro, sem distrações.
- Quando se sentirem prontos, encerrem a prática e conversem sobre como se sentiram durante o exercício.

Direito ao lazer:
O lazer é um direito, uma necessidade e principal forma de autocuidado. A forma como tantas vezes colocamos o lazer como "opcional" nas nossas vidas, por exemplo, mas não só, pelas exigências exageradas do mundo laboral, atesta o quanto nos convenceram que o prazer é acessório. Não o é, e também não precisa de grandes recursos. Eis algumas atividades que podem ser fruídas individualmente, a dois, ou com mais pessoas.

- Atividades a dois, três ou mais:
  - Piquenique no parque municipal, no jardim do bairro ou até numa ponte pedonal, se tiver vista e for seguro: preparem um lanche caseiro, uma manta e um livro, jornais e revistas e aproveitem um dia com bom sol.
  - Noite de cinema em casa: escolham alguns filmes favoritos, façam pipocas, espalhem almofadas no chão e comecem um festival de cinema que pode ter cartões de pontuação e tudo.
  - Caminhadas na cidade ou trilhos na natureza: ambas excelentes oportunidades para conversar, lavar os olhos com as vistas, aproveitar o ar livre e ganhar umas boas horas de exercício físico.
  - Consultar a agenda cultural no município onde se encontram é garantia de encontrar eventos e exposições grátis que, no pior dos cenários (sim, às vezes podem encontrar coisas péssimas!), servem para arejar a cabeça e aumentar o repertório de experiências culturais.

- Fazer um projeto artístico em conjunto pode ser uma experiência desafiante que vos ajuda a conhecer outras dimensões da pessoa parceira. Comecem por pensar numa ideia, imaginar os resultados, planificar o processo e mãos à obra. Que tal construírem de raiz aquela mesa para a sala só com materiais reciclados? Fazerem aquele quadro? Produzirem em vossa casa uma exposição de artes plásticas só para os vossos amigos? Escreverem uma história em conjunto, através de cartas ou de mensagens? Fazerem em conjunto uma escultura que represente algo sobre o vosso casal?

• Atividades tendencialmente individuais, mas não só:
  - Bibliotecas públicas: as bibliotecas não são só sítios para ir buscar livros. São normalmente espaços luminosos, com quiosque ou jardins, algumas exposições, salas especializadas, pessoas que sabem do que falam – em geral, são sítios cheios de bom ambiente.
  - Ginásio em casa: a atividade física é imprescindível ao bem-estar, mas também ao conhecimento do próprio corpo, o que pode promover explorações individuais ou conjuntas de outro… calibre. Entre aplicações no telemóvel, tutoriais na internet e planos personalizados através de inteligência artificial, escolhas não faltam.
  - Meditação: a meditação não é um bicho de sete cabeças, mas também não é só fechar os olhos e pensar num ponto ou fazer OM, é uma prática originária de tradições culturais muito distintas, cada uma com a sua história e especificidades. Aprender sobre técnicas específicas não só demonstra respeito pelas culturas que originaram estas práticas, como aumenta o nosso conhecimento sobre as mesmas, aumentando assim também a probabilidade de recolher os maiores benefícios das técnicas, tais como a redução do stress e o aumento da concentração.

- *Hobbies* artísticos: desenvolver o prazer por criar algo com as próprias mãos – e corpos, e cérebro – pode ser o prazer mais bem guardado de sempre: pintura, desenho, crochê, cerâmica, fotografia, costura, *DIY*, marcenaria, ou qualquer outra forma de arte ou produção criativa. Atenção, ninguém disse que temos de ser bons nos nossos *hobbies*, o prazer pode ser exclusivamente no processo, não ficámos a dever a ninguém uma obra de arte!

• Atividades com amigos ou família:

- *Game night*: organizem uma noite de jogos de tabuleiro ou de cartas com amigos. Cada pessoa traz um jogo e um petisco, como pode correr mal?

- Passeio de bicicleta: organizem uma caminhada ou passeio de bicicleta num trilho ou ciclovia local com amigos. É saudável (se tiverem cuidado com os carros e vice-versa), ativo e dá para fazerem várias paragens até ao objetivo final.

- Salão intelectual: é, basicamente, um debate entre amigos e conhecidos. A palavra intelectual tem ganhado má fama nos últimos anos, nomeadamente pelos movimentos anticiência, mas "intelectual" classifica algo ou alguém que promove o pensamento crítico, a criatividade, a reflexão mais aprofundada sobre temas importantes para a sociedade. Podem escolher um tema interessante e convidar amigos para, sempre na onda dos petiscos colaborativos, centralizar a discussão da noite nesse tema. Não têm de salvar o mundo, mas é uma forma de conhecerem outras dimensões da vossa rede social e de aumentar o conhecimento sobre as diferentes perspetivas. Para um tema ser interessante, não deve estar politizado de forma demasiado óbvia, mas não deve evitar trazer questões ideológicas. Alguns exemplos: *"De que forma é que a arte tem uma responsabilidade moral ou social?"*; *"Como é que a tecnologia tem ajudado e perturbado a vida humana e como será no futuro?"; "O que é necessário para uma relação funcionar?"; "Quais são os dilemas morais e éticos mais desafiantes e como os ultrapassar?"; "De que forma o que se está a passar no resto do mundo nos afeta?"; "Quais os melhores livros, filmes, bandas e qual o argumento que sustenta essa certeza?"*

MARIA & MÁRIO

Raça, masculinidade e depressão
– ou o roteiro dos resistentes

O TEMA

Numa perspetiva sistémica e, mais recentemente na chamada abordagem interseccional, as questões de género, raça, classe, capacidade (condições de saúde física ou mental) ou idade nunca devem ser tomadas individualmente, a sua experiência é entrelaçada e a sua configuração é estrutural.

A questão racial, por exemplo, é particularmente relevante em Portugal pela sua História. A expansão marítima portuguesa causou uma profunda rutura histórica, resultando na fragmentação do continente africano e na separação dos africanos de suas comunidades de origem, e resultou também no tráfico de cerca de seis milhões de pessoas escravizadas. Portugal, como outros países colonizadores, tem ainda muitas questões em reconhecer o trauma e a desigualdade que provocou, assim como em assumir os privilégios que daí recolheu, já que a escravatura foi a base de todo um sistema económico que beneficiou e continua a beneficiar só um dos lados. Embora os portugueses de hoje em dia não sejam pessoalmente responsáveis pelas atrocidades do colonialismo e da escravatura – e muitos deles são também descentes de famílias refugiadas e traumatizadas após o processo de descolonização – é imperativo perceber que em Portugal as vozes racializadas têm sido silenciadas por um problema que não criaram, pelo que, se os portugueses brancos não assumirem o seu lugar na luta contra o racismo e discriminação, continuarão a ser ativamente responsáveis por silenciar as vozes racializadas.

Esta tensão, uma tensão histórica, em Portugal, é sentida de diversas formas no panorama social, político e económico, mas do meu ponto de observação específico, é muito visível nos casais e nas famílias inter-raciais. Nos casais inter-raciais, por exemplo, é frequente o confronto com o preconceito ou discriminação de estranhos (comentários em surdina na rua, olhares desadequados, por exemplo), assim como de amigos ou familiares e tal pode criar stress e tensão na relação de casal. A própria comunicação num casal inter-racial pode ser afetada por expectativas ancoradas em preconceitos, o que, por sua vez, pode aumentar as dificuldades de ajustamento do casal aos obstáculos da vida quotidiana.

Já nas famílias inter-raciais, e em especial as que o são através da adoção de crianças racializadas no seio de uma família branca, verificamos que dependendo da consciencialização e de vários outros fatores, poderá haver um espaço maior ou menor para a descoberta, apreço e integração das culturas de origem da criança adotada.

No caso de famílias que adotam crianças africanas em Portugal, a socialização cultural desempenha um papel especialmente importante pelo desabono das culturas africanas, e consequentes estereótipos e preconceitos desenvolvidos ao longo do processo histórico de colonização. Não obstante, esta é, também, uma oportunidade para tratar a cultura original de uma forma respeitosa, sensível e inclusiva, obviamente levando sempre em consideração os desejos e necessidades individuais da criança adotada.

Um exemplo muito prático da socialização cultural em crianças africanas são os cuidados específicos com o cabelo, que pode envolver hidratação regular, uso de produtos específicos e técnicas de penteado próprias com significado cultural acrescido. Aprender sobre esses cuidados e incorporá-los na rotina de cuidados do cabelo da criança pode ser uma parte essencial da socialização cultural, ajudando a criança a integrar a herança cultural, a desenvolver uma identidade positiva e, se tudo correr bem, a sentir-se valorizada e aceite na família.

Mas nem tudo se esgota no cabelo! A socialização cultural em famílias que adotam crianças africanas também pode envolver o ensino de línguas, costumes, tradições, culinária e outras práticas culturais e, para isso, pode ser essencial colocar a criança em contacto com comunidades com origens semelhantes, de forma tão regular quanto possível: clubes, associações, festivais e encontros são bons sítios para explorar. Isso pode ajudar a criança a desenvolver um sentido de pertença e identidade saudável, promovendo uma compreensão e aceitação positiva da sua origem cultural e étnica.

As ideologias associadas com o colonialismo e o racismo têm sido associadas, na sua génese, ao sistema patriarcal, já que partilham muitos dos seus ideais. O que se chama hoje em dia de masculinidade tóxica, é caracterizada por várias dimensões que se interligam a ideais racistas, entre os quais:

- **Ideal de supremacia masculina:** crença de que os homens são superiores a outros géneros, o que leva à tentativa de domínio masculino e à opressão de outros géneros;
- **Pressão para a conformidade de género e heterocisnormatividade:** a expectativa de que os homens devem seguir normas estritas de comportamento e aparência, nomeadamente marcada pela ausência de vulnerabilidade, emoções que revelem fragilidade, e interesses considerados *"femininos"*;
- **Individualismo e Competitividade:** valorizando a agressividade e a procura incessante de estatuto e menorizando a colaboração e a interajuda;
- **Contenção emocional:** evitamento ou repressão de emoções consideradas *"fracas"* ou *"femininas"* como tristeza, medo ou vulnerabilidade, levando a uma repressão emocional e à dificuldade em desenvolver competências sociais saudáveis.
- **Violência e agressividade:** aceitação ou mesmo promoção de comportamentos violentos como forma de resolver conflitos, afirmar o poder e a masculinidade, ou como forma de afirmação social.
- **A objetificação das mulheres:** a sexualidade masculina é frequentemente associada a uma busca de conquista e poder sobre as mulheres, levando a comportamentos sexuais coercivos, assédio e violência sexual.
- **Ideal de providenciador:** a ideia de que os homens devem ser

os principais provedores financeiros da família, colocando uma pressão excessiva na obtenção de sucesso financeiro e profissional como uma medida de valor e estatuto masculino.

É importante ressaltar que esses traços de masculinidade tóxica não são saudáveis ou *"naturais"* e podem ter efeitos negativos tanto para os homens que os perpetuam, quanto para as pessoas ao seu redor. Para os homens, em particular, todas e cada uma destas ideias colocam o homem em risco de desenvolver problemáticas ao nível da saúde mental, problemáticas essas que reforçam e são reforçadas pelo isolamento social ou a falta de relações de apoio significativas. Uma delas é a depressão, uma perturbação de humor de carácter grave, que se caracteriza pelo humor triste, sensação de vazio e desesperança, perda de prazer ou interesse em atividades anteriormente agradáveis do dia a dia ou *hobbies*, alterações nos padrões de apetite e sono, fadiga, desmotivação e falta de energia, dificuldades na concentração e pensamentos negativos frequentes. Estes sintomas de cariz mais emocional e psicológico podem também ser acompanhados de sintomas físicos, tais como dores de cabeça, problemas gastrointestinais ou dores musculares. A depressão distingue-se da desagradável, mas vulgar, tristeza pela persistência destes sintomas, que duram semanas, meses ou até mesmo anos, muitas vezes sem razão aparente ou causa específica.

Sabemos que a depressão, tal como outras problemáticas de saúde mental, tem um impacto marcado nas relações interpessoais das pessoas que a experienciam, particularmente no casal. Assim, não é raro um casal dirigir-se para terapia tendo como queixa principal a depressão de um dos seus membros. Nestes casos, a terapia de casal[7] tenta

7 - Referimo-nos aqui particularmente ao modelo de "Terapia de Casal para a Depressão" (Asen & Jones, 2018), uma abordagem sistémica focada nas interações e dinâmicas dentro do relacionamento do casal que podem contribuir na manutenção da depressão, tendo como objetivo abordar e mudar esses padrões

endereçar de forma sistemática algumas questões relevantes: de que forma é que a depressão de um dos parceires impacta o sistema do casal e de que forma as dinâmicas desse sistema influenciam o desenvolvimento da depressão? Quais os padrões de comportamentos que parecem *"ajudar"* a depressão? E o que se passa à volta do casal (família, trabalho, comunidade) que possa também ter impacto? Como é que os estilos de comunicação, os papéis de género (ou outros) e as expectativas de cada parceire em relação ao casal podem influenciar o desenvolvimento e a manutenção da depressão? De que forma é que as influências históricas e culturais estão presentes nessas dinâmicas e como é que as impactam? Como é que o casal vivencia e expressa as suas emoções? Existe um ambiente seguro e apoiante? É equilibrado entre os parceires? De que forma é que o casal se ajuda na gestão de emoções difíceis? Lidam em conjunto, com intimidade emocional e conexão? Conseguem fazer uma corregulação das emoções e sentimentos sem entrar em dinâmicas excessivamente dependentes ou fusionais?

Neste sentido, os terapeutas trabalham em colaboração com o casal para desenvolver uma compreensão compartilhada da depressão e seu impacto no relacionamento. O objetivo é identificar e mudar padrões de interação que possam contribuir para a depressão. Construir padrões de comunicação saudáveis e eficazes, assim como estratégias de resolução de problemas, pode melhorar a qualidade do relacionamento e contribuir para a redução dos sintomas depressivos. Embora o foco esteja no relacionamento do casal, o modelo reconhece e aborda fatores individuais que possam contribuir para a depressão, como vulnerabilidades individuais, traumas passados ou outros problemas de saúde mental. A terapia individual pode ser integrada ao processo de terapia de casal, conforme necessário.

É importante perceber que o objetivo é criar uma mudança duradoura, abordando não apenas os sintomas da depressão, mas também os padrões que perpetuam o ciclo depressivo. Mudando esses padrões e desenvolvendo competências a favor da relação, promove-se o aumento do bem-estar do casal e a redução dos sintomas depressivos.

A ESTÓRIA

Maria e Mário não podiam ter tido um início de relação mais apaixonado. Assim que puseram os olhos em cima um do outro, devoraram-se em todos os sentidos, incluindo o bíblico, com o fascínio pelo quão improvável era esse encontro. Ambos sabiam que a relação não vinha em boa hora, era transgressiva, não dava mesmo jeito nenhum... mas por acaso até vinha mesmo a calhar.

Maria, 21 anos, tinha acabado de passar para o segundo ano, no curso de Sociologia, em Lisboa. Estava finalmente (finalmente!) fora de casa dos pais, aliviada de não viver sob aquela tensão constante que transbordava da crise do casamento dos pais, Nazaré e Nicolau, que nos últimos (longos) meses tinha tornado o ar daquela casa absolutamente irrespirável. Como era possível que a mãe se tivesse tornado naquele monstro irascível, a vomitar fel em todas as direções e filhos e pai a tentarem sem sucesso desviar-se dos estilhaços? E o pai, Nicolau, assim reduzido àquela sombra de homem, encolhido pelos cantos, parado, olhos baços, sem vida, numa constante tensão silente que deixa adivinhar que se perdeu de si mesmo? Quem diria, uma família tão organizada, um ninho tão feliz e de repente um lado B a atropelar a direiteza da coisa?

Maria agora sentia-se livre – que alívio sair de casa e que alegria montar casa com amigas! Móveis respigados das ruas dos bairros mais privilegiados, cheio de nómadas digitais que muito *"eco-coiso"* mas que não reciclam a mobília, *brainstorming* de decorações extremamente específicas para ilustrar cada uma das suas identidades, risadas demoradas e noites infindáveis a dançar, noites cujo fim a devolvia, em melhor ou pior estado, ao quentinho do seu novo lar, um ninho de sororidade. É verdade que o curso lhe parecia um pouco básico, já que os mesmos temas tinham sido parte integrante das inúmeras conversas com as tias Anita e Leonor ("nunca percebi *como é que o meu pai saiu tão diferente destas irmãs, acho que o verdadeiro adotado é mesmo ele"*) e também com o tio Gabriel, que lhe tinha mostrado ainda mais riqueza na diversidade.

Esta é gente que sempre a foi buscar a casa dos pais para passeios, brincadeiras e muita conversa, onde política fresquinha e indagações sociológicas eram servidas à esquerda e à direita. Os tios eram, pensava muitas vezes, a sua família verdadeira. Somava tantas famílias: tinha a biológica, que nunca conheceu, mas com quem sonhava tantas vezes, especialmente quando as memórias olfativas a levavam de volta àquela casa cuja tipologia não conseguia explicar. Ali havia, sem sombra de dúvida, o cheiro do pescoço da sua mãe. Aquele cheiro que só a visitava nos sonhos, mas que comprovava, uma e outra vez, que aquilo tinha mesmo acontecido, era real[8]. Teve uma mãe antes da sua mãe. Uma mãe que lhe faltava – e não era pouco. Depois, tinha a sua família, a verdadeira, da qual sorvera afeto, pelo menos em criança, e onde aprendera a ser pessoa e a saber também que as amarras das lealdades familiares são às vezes tão pesadas que temos de fugir para nos libertarmos. Assim o fez – bom, de facto, eram só 5 paragens do metro, mas eram suficientes. Tinha ainda a família dos amigos, a família que de facto pôde escolher. De todas as formas, origens, feitios e ideologias, os amigos de Maria eram uma boa ilustração da forma como se sentia: misturada, contraditória, plural e sim, abundante.

A relação entre Maria e Mário foi em geral bem aceite, exceção feita a um subgrupo de amigos de Maria que não adoravam o facto de Mário ser branco (*"mas se fossem eles a namorar com uma*

8 - Em Portugal, só é permitido que o adotado mantenha contacto com membros da família biológica em casos absolutamente excecionais e apenas com consentimento dos pais, sendo que na sua maioria tal só se aplica ao contacto entre irmãos, não com os progenitores. A lei também não permite que o adotado, com menos de 16 anos, solicite acesso às suas origens. (Lei n.º 143/2015).

branca, aí já ninguém dizia nada, com certeza!"). Os pais de Maria aceitaram bem esta relação e os pais de Mário também a viam com naturalidade, embora por vezes deixassem escapar alguns comentários que deixavam Maria inquieta, nada diretamente relacionado com ela, mas indicativo de um racismo mais dissimulado, muitas vezes em relação à versão lusotropicalista da história de Portugal[9], que tipicamente encontrava desde que se conhecia.

Mário era um rapaz calado, introvertido até, sempre preocupado. Parecia mais velho do que era, talvez por este ar soturno que o acompanhava há já algum tempo. Tinha poucos amigos, muito por culpa das várias mudanças de cidade a que tinha sido sujeito na infância e adolescência, pois o seu pai era militar e com frequência andavam com a casa às costas. Casa essa que a mãe cuidava religiosamente. Esta tinha deixado de trabalhar como secretária de uma pequena empresa, quando Mário nasceu, já que a família,

9 - O lusotropicalismo é uma ideologia desenvolvida por Gilberto Freyre que postula a suposta capacidade excecional dos portugueses de se adaptarem aos trópicos devido à sua inata facilidade de relação com as pessoas nativas. De acordo com essa ideologia, essa aptidão para a adaptação seria resultado da origem étnica híbrida dos portugueses, da sua bi-continentalidade e do longo contacto com mouros e judeus na Península Ibérica nos primeiros séculos da nacionalidade portuguesa. A miscigenação de culturas seria, segundo esta ideologia, expressão dessa aptidão. No entanto, é importante perceber que, na década de 1950, o regime fascista português adotou uma versão simplificada e nacionalista do lusotropicalismo como discurso oficial, para ser usado na propaganda e na política externa. Essa versão enfatizava a superioridade racial dos portugueses em relação aos outros europeus na adaptação aos trópicos e a suposta missão civilizadora do império português nessas regiões. Hoje, sabemos que este uso dos ideais do lusotropicalismo foi não só erróneo, já que serviu para menorizar as culturas africanas, como acabou por ter como principal função a de invisibilizar as atrocidades cometidas por Portugal em séculos muito diferentes, seja no âmbito no tráfico de pessoas escravizadas, onde foi o seu principal prossecutor, iniciando um barbárie que envolveu mais de 6 milhões de pessoas, destruindo ativamente famílias e comunidades, como na própria invasão, ocupação e roubo desses territórios, assim como toda a menorização e desprezo cultural para com as comunidades e culturas africanas.

pelas constantes mudanças, não tinha nenhum tipo de apoio familiar. O pai de Mário tinha Perturbação de Stress Pós Traumático[10], decorrente de algumas vivências como militar do exército português durante o conflito armado que opôs o Estado Português aos movimentos independentistas africanos nos territórios ocupados e administrados por Portugal, no que ficou conhecido em Portugal como "Guerra Colonial" e em outros países como "Guerra de Libertação" ou "Guerra da Independência", o que influenciou toda a vivência familiar e naturalmente o desenvolvimento de Mário. Fez a escola sem grandes sequelas ou sucessos e entrou aos 18 anos para o politécnico da sua zona para estudar programação. Os ecrãs e os jogos eram a sua companhia e mantinha poucos amigos, mas era extremamente curioso. Ao longo dos anos, acumulava já um saber enciclopédico sobre assuntos cada vez mais específicos.

Só mais tarde, pouco depois de Mário e Maria iniciarem a relação, é que este finalmente procurou ajuda psicológica, sendo diagnosticado com depressão. Embora tivesse melhorias significativas com o acompanhamento psicológico e psiquiátrico, o casal optou por iniciar terapia de casal meses mais tarde, pois sentiam o impacto que todas estas dimensões das suas vidas – saúde mental, relação inter-racial, questões de género, fases da vida – estavam a ter na sua relação. Uma relação que era, para os dois, uma oportunidade que não queriam mesmo desperdiçar.

---

10 - A Perturbação de Stress Pós-Traumático é uma condição de saúde mental que ocorre em resposta a um evento traumático (situações de violência, guerra, acidentes, desastres naturais, abuso, entre outros), caracterizada por sintomas intensos e persistentes que afetam o bem-estar emocional, mental e físico de uma pessoa. Pode incluir a revivência do trauma, flashbacks, pesadelos, pensamentos intrusivos, evitamento de situações que possam espoletar memórias do trauma, alterações no humor, depressão, ansiedade, dificuldades de concentração e hipervigilância ou sensação de estar em constante alerta. A Perturbação de Stress Pós-Traumático tem impacto significativo na qualidade de vida, perturbando a vida social, laboral e afetiva.

A TERAPIA DE CASAL

Sessão 4

Luana: Cá estamos de volta. As últimas sessões foram individuais, como certamente se lembram, uma oportunidade para eu estar com cada um de vós a mergulhar um bocadinho nas histórias e nas narrativas de cada um. Hoje voltamos a estar em conjunto e posso-vos dizer, com base nas primeiras sessões e também nas individuais, que me parece que temos aqui objetivos muito concretos para este processo terapêutico. Conseguem formulá-los, a partir das nossas últimas conversas? Para estarmos todos na mesma página? Mário, gosto sempre de começar pelo parceiro mais calado, faça favor:

Mário: Hum... *OK*, faz-me sentido isso, sim, embora como já sabe, custa-me um bocado. Mas já que cá estou (risos), vamos a isso. Bom, do que percebi aqui das nossas sessões e também a falar, ou melhor dizendo, a ouvir a Maria...

Maria: Eh, até parece!

Mário: Calma, estou só a dizer...

Maria: Não me digas para ter calma, senão não começamos isto nada bem...

Luana: Hum, será que esse era um dos objetivos? Mário?

Mário: O quê? Ah, pois, sim, esta questão da comunicação. Sim, exato. Era importante conseguirmos comunicar melhor.

Luana: Especificamente em quê?

Mário: As emoções. Parece que não somos os melhores do mundo a expressar emoções.

Luana: Ou a lidar com a expressão das emoções da pessoa parceira, certo?

Maria: Exato: Aquela coisa da *Angry Black Woman.*[11]

Mário: Certo. Falámos disso esta semana, quando fui dormir lá a casa.

Luana: Como foi essa conversa?

Mário: Acho que foi importante perceber melhor o que a Maria sente em relação a isto. Em relação a tudo, acho que isto é que tem sido para mim a maior novidade. Eu não sabia que era assim para uma mulher racializada. Eu não sabia.

Maria: Não sabias porque não querias ver, porque não fizeste o teu trabalho, porque não te interessaste, porque viver num país que acha que o racismo é algo que das duas uma, ou não existe, porque são todos muito bonzinhos e foi um colonialismo super fofinho, ou que é só quando há insultos e isso...

Mário: E tens razão. Toda a razão. Só que há coisas que mexem muito comigo, e eu ainda não sei bem o que fazer com elas. Custa-me ouvir. E quero estar aqui para as ouvir e pensar nelas, mas... fico, não sei... Parece que estou a atrair qualquer coisa.

Luana: OK, bom, para já, em primeiro lugar, gosto muito, muito que estejam fora da sessão a falar disso. Se há coisa que irri-

---

11 - O estereótipo da *"angry black woman"*, ou da "mulher negra raivosa", é uma representação racista e sexista que retrata injustamente a mulher negra como excessivamente raivosa, agressiva e temperamental, perpetuando estereótipos nocivos e degradantes. Esse estereótipo pode ter efeitos prejudiciais na saúde mental das mulheres negras, pois pode impactar negativamente na sua autoestima, contribuir para o stress e ansiedade, além de prejudicar a sua imagem pública e interações com outras pessoas, apesar de ser totalmente infundado e injusto.

ta um terapeuta de casal é os casais só falarem da relação na terapia. Cá estamos e lidamos, mas é tudo muito mais eficaz e com melhor prognóstico quando o casal se junta fora da terapia para falar sobre a relação, sobre si próprios. Quero parabenizar-vos por isso. É para continuar, *OK*?

Mário: Estás a ver? Estamos a fazer algo bem!

Maria: Claro que estamos, se não, achas que eu ainda aqui estava? Tinha mais que fazer, sou uma mulher muito ocupada, não reparaste? (risos)

Luana: Acho ótimo, isso tudo. Penso que isso nos leva também ao segundo objetivo. Portanto, para além de comunicarem e receberem melhor as emoções um do outro, é também muito importante para vocês, segundo percebi nas últimas sessões, que a experiência da Maria, como mulher negra, assim como o posicionamento mais... passivo por parte do Mário em relação a este tema, seja trazido para a relação por forma a que a Maria se sinta mais vista e compreendida e que o Mário consiga aprofundar também aí a conexão emocional com a Maria. Faz-vos sentido?

Maria: Não tinha pensado nisso assim de forma tão clara, como um objetivo, mas, sim, faz-me muito sentido. E a ti?

Mário: Faz-me sentido, sim... podemos ir já aí?

Luana: Claro que sim. Maria, parece-lhe bem?

Maria: Sim, eu tenho muito para dizer sobre isto, já sabem, não é? Mas acho que o Mário tem de se trazer mais para este assunto, por isso, vamos embora que atrás vem gente!

Luana: Também senti isso agora, Mário, está a pensar em algo muito específico, não está?

Mário: Sim, estou. Deixem-me organizar. Isto não é fácil.

Luana: Olhar para dentro não é nada simples.

Mário: Tem que ver com a minha família. O meu pai é militar. E é, dentro do género, um gajo fixe. Mas a minha família passou por muito, passaram mal. Passaram mal antes da guerra, porque eram de uma família mesmo muito pobre, passaram mal durante, porque, óbvio, o meu pai é militar, não é? Esteve a morrer não sei quantas vezes, ficou traumatizado, viu coisas horrendas.

Maria: Fez coisas horrendas. Lutava por um regime horrendo.

Mário: Isso é tudo verdade, Maria. Mas há muitas verdades paralelas e ele não é menos humano por isso, estava dentro de um sistema muito específico.

Maria: Há coisas que sempre foram erradas, Mário. São escolhas, também.

Luana: Estão os dois absolutamente certos, prova provada de que as verdades podem coexistir. Mas nós não estamos aqui para saber quem tem a verdade mais correta, estamos aqui para saber o que fazer com isso. Se ambas as verdades podem coexistir, como vão coexistir? Não vos quero, quer dizer, vocês é que sabem da vossa vida e eu aqui não mando nada – mas não me parece ideal que continuem indefinidamente a convencer o outro da vossa verdade. É a vossa verdade. E está correta. O que falta é acolherem a verdade do outro, podem-no fazer sem prescindir da vossa? Esse é o verdadeiro desafio.

Mário: Não é fácil. E eu cada vez estou mais ciente das atrocidades, da profunda injustiça, do quão errado isto tudo foi. E acho que a Maria não percebe o quanto isto me tem batido. O quanto isto tem mudado todo o quadro de referência. Olho para trás, para a minha infância e adolescência, que foi praticamente anteontem, e por isso, às vezes, sinto que ainda lá estou e parece que vivi uma mentira. Que nós éramos os Heróis, os Valentes, os Descobridores, Os Bons, os Geniais, os que deram o mundo ao mundo, os que sabiam o que era melhor para os outros, os que deixaram obra, os que fizeram escolas e que *"os"* salvaram da pobreza, os que fizeram tão bem as pazes com *"eles"*, que *"eles"* até gostam de nós. Parece que olho para trás e nada disto foi verdade e se nada disto foi verdade, de onde é que eu venho? De onde sou? Quais eram então os grandes valores familiares? Como se conciliaram com a realidade?

Luana: Ninguém está conciliado nesta história, Mário, parece-me. O que é muito diferente de dizer que os dois lados tinham razão. Parece-me importante para vocês que esse ponto fique estabelecido.

Mário: Sim, isso está mais que estabelecido. Uns foram opressores, outros foram oprimidos. Uns foram colonizadores e outros colonizados. Mas há mais mil camadas aí. Há as questões de classe social. Há a ditadura que impunha às populações um nível de pobreza atroz e que fazia com que muitos vissem nessa viagem "ultramarina" um escape. Há os que foram noutras condições e que estabeleceram relações, vidas, projetos, comunidade. Que fizeram o bem, *I guess*... E sinto que tu não te consegues alinhar com esta parte.

Maria: Mas tu já viste bem o que me estás a pedir??

(silêncio)

Luana: Mário. Se calhar, não sei, mas se calhar, ainda que essa perspetiva seja também real, a Maria não é a pessoa indicada para o acolher aí. E se calhar o Mário não tem de facto necessidade que a Maria perceba isso. É uma necessidade sua. Os nossos parceiros não têm de responder a todas as nossas necessidades. E há aqui necessidades para as quais se calhar a Maria não é a melhor sede.

Maria: É mesmo isso. Eu quando penso à distância percebo, percebo mesmo que crescer com essa narrativa histórica – atenção que eu também cresci, o que tendo em conta a minha situação, criada por uma família branca, foi especialmente confuso –, uma pessoa fique assim sem chão... E é claro que ele em certa medida defende os pais, é evidente, são família, gostam uns dos outros, até eu gosto dos pais do Mário e vejo as suas dores, pelo menos algumas... mas não posso é continuar a fingir que não eram os MEUS ancestrais que estavam do lado de lá, durante séculos, esses que são parte de mim, e que foram vítimas de roubo, de ataque, de genocídio, de destruição. São as minhas gentes, também. Ou seja, eu acho que posso ver a posição do Mário. Mas neste momento não consigo entrar lá para dentro... e, francamente, acho que não tenho de o fazer...

Luana: A Maria está a ser muito clara, mas está a ser mais que isso, está a conseguir identificar muito bem os seus próprios pontos de tensão entre estas duas realidades ou, melhor dizendo, duas dimensões da realidade. Essa tensão. Essa tensão foi crescendo ao longo do seu desenvolvimento e deve ter sido extraordinariamente difícil, em algumas situações, fazer sentido do que estava a acontecer e do seu... lugar? Nestas narrativas históricas? Como é que acha que isso é trazido para esta relação de casal?

Maria: É mesmo um desafio, porque estamos a arcar com as consequências de tudo o que se passou antes de nós e não fomos tidos nem achados. E sinto uma raiva, funda, profunda, ancestral e que não desaparece, só cresce, e cresce mais quanto mais tenho noção – porque eu também não fui educada a ter muita noção – do impacto absurdamente gigante que tudo isto teve. O colonialismo mudou o mundo sim, mas inventou o racismo. Mudou o mundo para pior.

Mário: Tens razão. Não estou a contrapor um *"mas"*, mas um *"e"*. E o colonialismo fez mais vítimas do que parece. E em alguma medida, a minha família, com tudo aquilo que passou durante e depois da guerra, também foi vítima, vítima do sistema onde estava inserida, de um sistema que não lhe deu grandes escolhas.

Maria: Há sempre escolhas.

Mário: Pois há. Nada disto é preto e branco, passo a expressão.

Luana: Mais uma vez, deixem-me apreciar o que se está a passar aqui. É que não sei se repararam, mas o que estão a fazer é a partilhar narrativas pessoais, fortíssimas e cheias de emoção… e estão a fazê-lo de uma forma que aumenta a disponibilidade de escuta por parte do Outro. Não estão a concordar, nem têm de o fazer, mas estão a encontrar-se, o que é muito mais importante.

Maria: Por acaso, acho que é mesmo raro ver o Mário falar assim, das coisas difíceis. Normalmente, fecha-se muito, sobretudo nos últimos tempos, por causa da depressão.

Luana: O que acha, Mário? O diagnóstico explica tudo?

Mário: Explica uma parte e foi mesmo um alívio ouvi-lo porque, finalmente, algumas coisas que andava a sentir, fizeram sentido. Agora, não explica tudo, não. Eu nunca fui muito de falar. Lá em casa, quem mandava era o silêncio, sobretudo o do meu pai, embora a minha mãe também não fosse de grandes conversas.

Luana: *OK*, de que forma é que demonstravam afeto, lá em casa?

Mário: Afeto?

Luana: Amor. Como é que sabia que os seus pais gostavam de si?

Maria: Uau. Nunca pensei nisso.

Luana: Acho que é uma pergunta importante. Se chegarmos à resposta, percebemos de que forma fomos *"treinados"* para receber afeto... e, às vezes, as dificuldades que temos em *"ler"* outro tipo de demonstrações de afeto. Como era lá em casa, Mário? Ou como é que ainda é?

Mário: Ui, não era nada explícito. Do meu pai, acho que através de algumas prendas que me dava de vez em quando. Assim inesperadas. Ele é muito ligado aos bens materiais. É natural, não é? Não perderam tudo quando saíram de lá como tantas outras famílias, mas não tiveram grandes facilidades cá, pelo contrário. Não foram propriamente bem recebidos em Portugal. Ele sempre quis que eu tivesse coisas boas. O relógio. Os ténis. O casaco de inverno. Ele leva aquilo mesmo a sério e eu aprendi a... apreciar isso? Sei que ele fica mesmo contente. E eu se calhar também, mais pelo gesto. Agora a minha mãe... a minha mãe é mais pelos abraços. Ela dá bons abraços. E eu gosto.

Luana: E ela sabe?

Mário: Que gosto dos abraços dela? Não sei...

Luana: O que acontece se lhe disser? E se disser ao seu pai que se sente muito acarinhado com algumas das prendas dele?

Mário: Ui, isso já me está tudo a deixar super nervoso, acho que não consigo.

Luana: Não tem de conseguir já. Mas acho interessante que aqui, neste ambiente que considera, acho eu, algo seguro, conseguisse expressar emoções muito difíceis e profundas. Antigas. Mas para expressar afeto, lá fora, em casa, já não é linear. E se bem me lembro, isso era também uma das queixas de Maria, o facto de na rua e nos vossos contextos sociais, o Mário não demonstrar afeto em público.

Mário: Acho que as pessoas não têm de ver a nossa intimidade... e não sei, acho que é uma cena de gajo, não adoro os miminhos todos, parece peganhento...

Luana: Acho curioso que tenha usado a palavra "parece". Parece peganhento, não *"sinto-me"* peganhento.

Mário: Ai, já estou a ficar cansado desta conversa (risos). Epá, não sei... não é de homem.

Maria: Mário! Fala sério!

Mário: Pois, se calhar não estou muito confortável com isso.

Luana: Mas gosta do abraço da mãe.

Maria: E gosta de dormir em conchinha.

Mário: Pois gosto. E então?

Maria: Olha lá, é por causa destas tretas que tu não fazes de conchinha pequena? Tens de ser tu a abraçar-me por trás e não o contrário. Não é de homem.

Mário: Ya, sinto-me um bocado... exposto.

Maria: Eu não acredito nisto.

Luana: Pode parecer estranho, Maria, mas sabemos hoje que os ideais da masculinidade são passados implicitamente através da família, dos amigos, de todo o contexto e tem como efeito pernicioso tornar os homens muito desconfortáveis com a expressão de afeto e com a vulnerabilidade. Há uma pressão para os homens se conformarem com esta expectativa de género.

Mário: Eu reconheço essa pressão. Não foram só os meus pais que me fizeram, foram os meus amigos também.

Luana: E nesse grupo de amigos, falavam de coisas íntimas, por exemplo? De problemas que tinha? De emoções? De problemas em casa? De problemas com namoradas? Ou namorados?

Mário: Nem pensar. Só jogar. E falar de política, claro… e de bola, de música também.

Maria: Ainda hoje este grupo de amigos não fala de nada, não percebo. Fiquei amiga de algumas namoradas e nós vamos comentando que até parece que eles não se conhecem, não sabem nada da vida íntima uns dos outros, se estão em baixo ou não. Só contam com as namoradas. Nós somos o grande suporte emocional.

Luana: Isso tem um lado positivo, mas tem outro um bocado pesado, não tem?

Maria: Siiiim! Se ele não fala com mais ninguém sobra tudo para mim e ficamos assim numa bolha fechada. Não é fixe. E ele recruta-me muito para isso. E eu gosto, mas não em tudo.

Luana: Por exemplo, sobre estas questões relativas aos pais do Mário?

Maria: Exato. Eu preciso que ele fale com outra pessoa sobre isto. Podemos continuar, e vamos, com certeza, continuar a falar deste assunto, mas não pode ser assim em modo desabafo, como ele faz. Sobre a dor branca do colonialismo, ele precisa de falar com outros. Brancos. Não posso ser eu a consolá-lo. Era o que faltava.

Mário: Não tinha noção que era um peso para ti.

Maria: Não mudes as minhas palavras se faz favor, nem te faças de vítima, não foi nada disso que eu disse. Tu não és um peso, esse tema é.

Mário: Eu sei, eu percebi… tem calma.

Maria (entredentes): Não. Me. Mandes. Ter. Calma.

Luana: Mário, já o ouvi n vezes dizer à Maria *"tem calma"*. Por mim, nada contra, mas como é que acha que isso está a resultar?

Mário: Nada bem.

Luana: E então estamos a continuar a fazer isso porque...?

Mário: Não sei, acho que me esqueço.

Luana: Se calhar, é preciso perceber melhor o que significa para a Maria. A partir do momento em que perceber… provavelmente não vai querer repetir. Tem que ver com a expressão das emoções, e com o que estávamos a falar no início da sessão, certo?

Maria: Sim, exatamente. E não é só do Mário que eu sinto isto, mas ele, especialmente ele, não me pode fazer sentir que a minha voz tem de ser sempre calma, não ameaçadora, educada, não incómoda, baixinha.

Luana: Faz algum sentido nós pedirmos calma a alguém que está zangado? A zanga precisa de ser acolhida, dentro de limites, claro, para não interferir com a liberdade e os direitos das outras pessoas, mas a voz de alguém que está zangada deve ser… zangada. A voz de alguém triste… pode ser triste. E assim sucessivamente. O que é que a zanga da Maria tem que o faz ficar tão nervoso, Mário?

Mário: Sinto que tenho de resolver. Tenho de ter uma solução.

Luana: É isso que precisa, Maria.

Maria: Não. Nada. Só quero que ele esteja ali comigo. A testemunhar a minha existência, a minha vivência. Comigo. Não te contratei para me resolveres a vida, não preciso de ti para isso. Aliás, eu não preciso de ti, eu gosto de ti. É diferente.

Luana: Como é que recebe isto, Mário?

Mário: Não sei o que dizer, mas isso agora fez-me sentir muito bem. Aliviado. Gostas de mim e não é por aquilo que eu consigo fazer ou não. Ou se sou forte. Gostas de mim mesmo tipo, como uma pessoa.

Luana: O Mário é uma pessoa, com todo o espectro de emoções lá dentro e está a desvincular-se desses papéis que lhe foram atribuídos. Não são mais necessários. Nunca foram. E a Maria vê em si muito mais.

Mário: Uau.

Maria: Estamos juntos, *ya*?

Sessão 5

Luana: Meus amigos, na última sessão estivemos à volta dos vossos objetivos e ainda avançámos um bom bocado: melhorar a expressão (e aceitação) das emoções, especialmente das difíceis como a zanga da Maria e a angústia e tristeza do Mário; e também as questões do lugar de fala e da difícil gestão entre sensibilidades em relação ao vosso passado histórico, que a vossa relação repetidamente faz emergir. Houve avanços.

Maria: Eu, por acaso, queria trazer uma coisa, antes que me esqueça, que surgiu na minha cabeça de forma muito clara nestas últimas semanas. E tem que ver com o isolamento do Mário: Sinto que ele está cada vez mais isolado de pessoas reais, dos amigos dele e a ligar-se a grupos que são um bocado… perigosos.

Mário: A Maria refere-se a grupos dos direitos dos homens, na net, mas aquilo é só a brincar.

Maria: Só a brincar? Parece uma seita de machistas.

Mário: E é, só fui lá para gozar, a sério. São uns idiotas inseguros que francamente odeiam mulheres. Aliás, as mulheres também não os podem ver à frente e só isso já é indicador suficiente. Quer dizer, eu sei que estou a trabalhar também nas minhas inseguranças, ficou mais claro na última sessão e também com o meu psicólogo. Percebo agora que há aqui questões a que eu não tinha dado atenção. O total desconforto em sentir-me vulnerável, por exemplo. A dificuldade em confiar, em me expor, até na própria expressão de afeto.

Maria: Por acaso, fomos almoçar no domingo a casa dos pais do Mário e eu percebi mais uma forma de afeto na família dele, que me tinha passado despercebida. A comida.

Luana: A comida nutre, embora muitos façam dela um inimigo. Comida é amor, é sabor, é prazer… como sentiu isso?

Maria: Por acaso, até foi engraçado porque assim que cheguei, a Madalena, mãe do Mário, disse logo: *"Vai à cozinha que eu fiz uma surpresa para ti, lá do teu país"*. Lá fui, abri a panela e era… cachupa.

Luana: Não deveria ser… moamba?

Maria: Exatamente (risos)… eu não tenho nada a ver com Cabo Verde! Mas adoro cachupa!

Mário: Ela não sabe bem, eles andaram por tantos sítios, acho que para ela é tudo *"africano"*. Também passaram pouco tempo em cada um dos sítios, não se misturavam com a cultura local, tens de compreender, é aquela história…

Maria: Ei, agora quem diz tem calma sou eu! Eu achei super fofinho a tua mãe ter feito aquilo. Até podia ter sido só feijão com óleo de palma, ela fê-lo para mim, para mostrar que pensou em mim, aquilo foi amor. Adorei, sério.

Mário: *OK*. Registado.

Luana: Registado também que não disse *"Calma, Maria"* (risos).

Agora a sério, Mário, sentiu ao crescer que era uma forma de cuidarem de si? De o nutrir.

Mário: Até certo ponto, sim. Mas depois tive de crescer rápido e, a partir de certa altura, deixou de haver aquele… como disse na outra sessão… colo?

Luana: Colo, sim. Precisamos todes de colo.

Maria: Uns mais do que outros.

Luana: Como é o colo na vossa relação?

Maria: Eu sinto que até nos damos muito colo. É mais o tipo de colo que pode ser… melhorado.

Luana: Deixe-me fazer aqui a questão ao contrário, então. Que tipo de colo é que cada um de vocês acha que o outro está a precisar mais agora? Podem pensar um bocadinho e escrever num papel. Quando estiverem prontos, digam.

(Maria escreve num papel, Mário nas notas do telemóvel)

Maria: Já estou. Mário, despacha-te, estás a dar seca.

Mário: (respira fundo) Tenho direito ao meu tempo, meu amor.

Maria: Hum-hum, *ya* estou a gostar destas alternativas bem criativas ao "*Calma, Maria!*".

Mário: Posso começar?

Luana: O palco é seu, mas antes de mais convém ouvir o elogio que a Maria lhe fez.

Mário: (sorrindo) Que bom. Registado. Então, eu acho que a Maria precisa mesmo de um colo de… de pertença. Sinto que há um espaço que a Maria está a ganhar, não a ganhar, mas a reconhecer, um espaço seu, cultural e político também, como mulher, racializada, com origens angolanas, mas nascida em Portugal e adotada por uma família branca em Portugal. É um espaço concreto, mas creio que a Maria precisa de se sentir mais acompanhada dentro desse espaço. Por mim, também, mas não só. Precisa que a sua identidade, que é multidimensional, seja vista e reconhecida por todos, na família e nos amigos também.

(silêncio)

Maria: Deixaste-me sem palavras.

Luana: Em bom?

Maria: Em bom... mesmo. Obrigada, amor.

Mário: Não tens de agradecer, é como te vejo.

Maria: É importante eu saber isto assim, com todas as letras.

Luana: É a sua vez, Maria.

Maria: *OK*. Eu não quero que ele leve isto a mal, mas acho que o Mário precisa de ser acolhido, enquanto homem. E tal como ele disse em relação a mim, ele precisa deste colo não só de mim, mas de outros também. Do pai, dos amigos, da sua comunidade. O Mário, felizmente para mim e para ele, não se encaixa no ideal, bastante tóxico, diga-se de passagem, da masculinidade, mas tem ainda traços que lhe dificultam a vida. Por isso, demorou tanto tempo a admitir que não se sentia bem e a pedir ajuda psicológica, na depressão. E ele precisa de ser acolhido nessas necessidades também, tem direito ao seu sofrimento e acho que às vezes ele não sabe disso.

Mário: É verdade, custa, é difícil. Mas a Maria tem-me mostrado que há caminho, que é possível. E que ser homem não é necessariamente aquilo que eu aprendi.

Maria: É melhor.

Mário: É muito melhor, tens razão.

Luana: De que forma é que é melhor?

Mário: É mais livre, sinto-me mais livre. Quer dizer, ainda não, mas sei que é esse o caminho. E é doloroso, não vou dizer que não, especialmente quando confrontado com algumas situações, ou a ouvir algumas enormidades do meu pai, daquelas patriarcais mesmo à séria, ou dos meus amigos. E eu faço parte, ainda faço e vou sempre fazer. Mas estou a desconstruir e sem dúvida a ganhar com isso. Espaço. Identidade. E também é verdade que muitas das vezes é a Maria que me faz um bocado o *"trabalho de casa"*. Percebo quando ela diz que se sente sobrecarregada, porque em questões raciais e de género, ela é um bocado a minha guia.

Maria: Sim, mas tens de fazer tu esse trabalho. Eu sou mulher e negra. Não tenho de ser eu a explicar o racismo e o sexismo. Têm de ser sobretudo vocês, homens e brancos, a lutar também. Senão é uma luta inglória e não temos tempo nem energia para mais nada.

Luana: Isso também é cuidar, Maria?

Maria: É sim, e eu não posso estar sempre a cuidar dos outros. Olhe só o que tenho cuidado da minha mãe, nos últimos tempos, do meu pai e do Mário... Quero fazê-lo, mas quero fazer as minhas coisas também.

Luana: Muito bem. Foram exemplares em identificar as necessidades de colo um do outro. E na vossa vida real, quotidiana, fora das paredes deste consultório, ou desses telemóveis, como é que se podem tornar nesse colo, nesse acolhimento da verdade do Outro sem prescindir da vossa? Que compromissos querem assumir um para o outro?

(silêncio)

Maria: Agora é sério, não é?

Mário: É o chamado *"Put you Money where your mouth is"*.[12]

Maria: Eu quero ser mais vista, que ele esteja mais alinhado comigo, mais ativo.

Luana: Maria, isso tem toda a lógica e está absolutamente no seu direito, como vimos, mas quero só aqui fazer a ressalva de que está a pedir a uma pessoa com depressão para ser mais ativo.

Maria: É verdade.

Mário: Eu sei que estou a melhorar. E sei que só agora me autorizo a sentir-me frágil. Mas isso francamente ajuda em tudo. É um *work in progress*. Eu estou a ser mais ativo e vou ser mais ainda. E, às vezes, ser vulnerável é assumi-lo.

Maria: Isso.

Mário: E tu, Maria?

Maria: Eu quero estar lá para ti, mas com limites, e tenho de ser melhor a colocá-los. E tenho de me dar a mim mais atenção. O que disseste do espaço de pertença é mesmo importante. E estava a pensar agora mesmo, vocês vão achar um disparate, mas estava a pensar no meu nome. Não é o meu nome de origem, não sei qual é o meu nome verdadeiro. Mas se descobrisse, também não me representaria. Maria. M a r

---

12 - A expressão "Put your money where your mouth is" em português de Portugal pode ser traduzida para "Põe o teu dinheiro onde está a tua boca". É uma expressão idiomática que é usada para desafiar alguém a provar a veracidade ou a sinceridade de suas palavras através de ações concretas, por exemplo, através de escolhas relativas a investimentos financeiros. Em outras palavras, significa que a pessoa deve demonstrar o seu compromisso com as causas em que acredita (por exemplo: o antirracismo) investindo diretamente recursos, financeiros ou outros (por exemplo: doar tempo ou dinheiro para uma associação como a SOS Racismo), em vez de apenas falar sobre isso. É uma expressão que enfatiza a importância de ações práticas e resultados tangíveis em vez de apenas palavras vazias ou ativismo de sofá.

i a! Fogo, não há nome mais tuga. E se eu mudasse o meu nome?

Mário: Maria... mas tu és tuga.

Maria: Não só, mas também. Gosto desta ideia, vou pensar nisto a sério. Maka. Maka era bonito!

Mário: E ficava-te bem. Maka é problema em kimbundo, certo?

Maria: Eish, olha só. Penso que isto já seja resultado aqui do trabalho... até corei! Boa cena. Ya, Maka sou mesmo eu. Mas Muxima também é...

Mário: É coração, também em kimbundo.

Maria: Menos, Mário, muito menos (risos).

Mário: Marika era muito *cool*.

Maria: Marika... nunca ouvi. É lindo.

Luana: Nomes, atitudes, expressões... tudo coisas que ilustram a nossa identidade e pertença. E que têm significado. Têm feito um bom trabalho nessa procura. Boas descobertas e até à próxima sessão!

AÇÃO DIRETA

Construir um genograma partilhado:

As árvores genealógicas não são só interessantes para descobrir antepassados perdidos ou para perceber vulnerabilidades genéticas. Num casal, cada um vem com uma cultura familiar muito específica e é essencial perceber quais os posicionamentos, narrativas, expectativas e vivências que existem nas respetivas famílias e que no casal podem ser reproduzidos ou, pelo contrário, constituírem um tabu. Neste mapa, podem incluir família *"de sangue"* ou adotiva, amizades e outras pessoas marcantes, contexto histórico, económico e cultural, assim como questões de género, raça ou etnia, orientação sexual, identidade de género, classe social, perturbações de saúde física ou mental – todas estas camadas podem ser importantes para a construção do casal, ancorada na consciência sobre o lugar do parceire. Podem ter como inspiração o genograma no início deste capítulo, por exemplo, e refletir sobre algumas questões:

- Do ponto de vista do membro X da família, como se conta a história desta família? E se for do membro Y, como seria diferente essa narrativa?
- Na família, quem dá mais colo? E quem recebe? Quem é o mais comunicativo? Quem tem mais iniciativa? Quem tenta normalmente apaziguar as coisas? E quem causa mais disrupção?
- Quais as características da família que mais gostariam de levar para o vosso casal ou família?
- Que práticas culturais são importantes em cada família e quais dessas querem continuar? E quais querem extinguir?
- Como é que o afeto é expressado em cada uma das famílias?
- Quem é mais cioso da sua autonomia e espaço pessoal? E quem precisa de estar sempre rodeado de pessoas?

Diversificar os afetos:

É importante que cada membro do casal não deposite todas as expectativas de respostas às suas próprias necessidades na pessoa parceira. Pensem no vosso círculo social e familiar, e identifiquem todas as pessoas mais próximas e até algumas que podem não ser assim tão próximas, mas que possam ter um papel importante nas vossas vidas. De seguida, identifiquem quais as pessoas a quem podem recorrer para as vossas necessidades de afeto, de conversa, diversão, aprendizagem, pertença, contacto corporal ou físico, acolhimento, validação, desenvolvimento pessoal, *networking, hobbies,* partilha de vivências, de história pessoal e ancestral. Elaborem estratégias para trazer essas pessoas um bocadinho, basta um bocadinho, para mais perto de vós.

Estratégias de apreciação e socialização cultural:

São fundamentais em famílias com crianças racializadas: exposição a eventos e atividades culturais relevantes, como festivais e celebrações, apoio à conexão com a comunidade de origem da criança adotada, incorporação de elementos da cultura de origem no dia a dia da família, educação sobre a história e as tradições da cultura de origem e incentivo ao diálogo sobre identidade, pertença e sim, também racismo. Uma das estratégia mais importantes é através da utilização de literatura infantil que represente de forma positiva crianças negras. Em Portugal, recomendo *A Aventureira Marielle e o Dia da Fotografia*, de Nuna; *Força Africana*, de Paula Cardoso; *Uma visita inesperada*, de Carla Fernandes, *Regina*, uma banda desenhada angolana criada por Altino Chindele e Fátima Fernandes, ao que se acrescentam clássicos de Ondjaki, Mia Couto e muitos outres.

DIANA & DAVID

Agora com um bebé nota-se mais: desigualdades de género na parentalidade

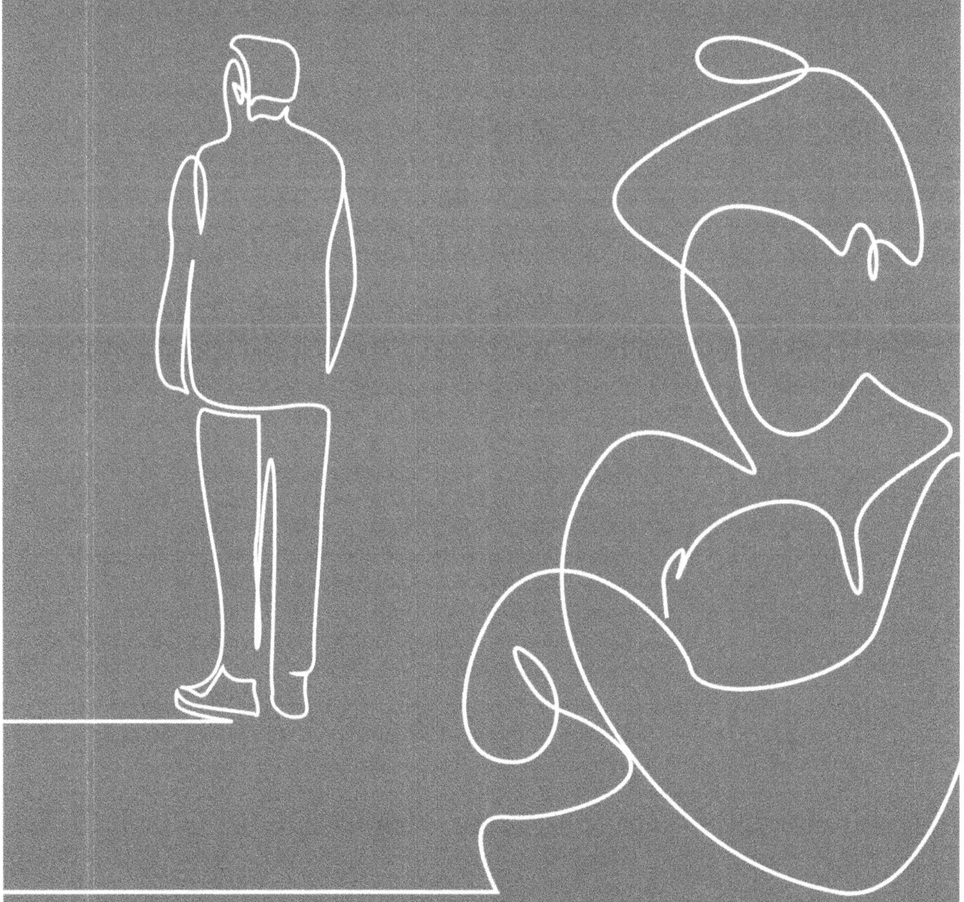

O TEMA

A psicologia da família já há muito sublinhou que no ciclo de vida do casal[13], a transição para a parentalidade é a que comporta um impacto mais brutal a nível individual e na díade, impacto esse tantas vezes fatal para a sobrevivência do casal. Sabemos, por exemplo, que o grupo que mais se divorcia em Portugal[14], ao longo das últimas décadas, são os casados há menos de 4 anos, o que frequentemente também representa o grupo que estará mais frequentemente a vivenciar a transição para o primeiro filho. Costumo dizer que cada casal é um planeta, e nesse sentido, a primeira criança é um asteroide de proporções massivas, que facilmente resulta na extinção do casal. Falo aqui, sobretudo, de casais de género diferente, já que é aí que o impacto parece ser maior e em pelo menos três vertentes: identidade, intimidade e o grande mostro que tudo devora: a gestão doméstica e familiar.

---

13 - O ciclo de vida tradicional do casal está aparentemente obsoleto, já que não inclui os casais que não têm filhos, seja por escolha ou necessidade, nem as famílias reconstruídas, como Leonor e Leonel (p.107), onde encontramos filhos e enteados em diferentes estados de desenvolvimento e, portanto, com diferentes necessidades de resposta por parte da família, colocando desafios muito diversificados ao casal. No entanto, utilizar esta lente continua a ser uma forma extremamente útil para olhar para o casal, já que cada fase do ciclo, que pode ser cumulativa, requer dos sistemas uma resposta específica. Já nos casos dos casais sem filhos, parece haver alguma indicação que alguns dos processos mantêm-se, tal como a autonomização dos seus pais, o pico de esforço no trabalho e o início de suporte à função mais velha. É importante também ressalvar que há cada vez mais famílias que não coabitam e que por isso podem ter menos direitos (adoção, por exemplo) e menor proteção legal.

14 - Infelizmente, os dados disponíveis (isto é, plataforma Pordata) não nos permitem aceder a informação sobre coabitação ou união de facto. Só existem dados relativos aos divórcios, cujo pré-requisito é, naturalmente, as pessoas casarem, não sendo esse, todavia, a forma mais frequente de relação íntima ou romântica com compromisso, mas sim a coabitação ou união de facto.

Não é segredo que a transição para a parentalidade incorpora mudanças a nível físico, psicológico e social: o corpo de quem engravida transforma-se numa incubadora de proporções assinaláveis, podem ou não surgir maleitas de cariz mais grave ou mais superficial (enjoos, tensão alta, diabetes, estrias, melasmas), as emoções podem disparar para todos os lados (ansiedade, depressão), o desejo sexual pode subir vertiginosamente (*Yey!*) ou desfalecer assustadoramente (oh não, será que agora isto não volta?), e isto é válido tanto para a pessoa grávida como para a pessoa parceira, que pode ou não achar graça às modificações físicas e a todos os significados que elas comportam. Sim, porque já estamos no século XXI, mas ainda carregamos às costas uma herança pesada: em casais de género diferente, as mulheres ainda não acumulam com facilidade, aos olhos do parceiro, a capacidade de serem simultaneamente bombas sexuais e bombas de leite, independentemente de elas se sentirem com essa capacidade e vontade. Seja por que razão for, e apesar das exceções, certo é que a sexualidade do casal tende a levar um estouro mais ou menos permanente e grande parte dos casais afirma que as coisas pós-filhos não voltam, nessa dimensão, ao que eram.

Para entornar ainda mais este caldo perigoso, chega com a primeira criança um acréscimo de trabalho reprodutivo (sim, é trabalho, é uma montanha de trabalho!). O trabalho reprodutivo refere-se às tarefas domésticas e familiares, ou seja, todo o trabalho de cuidar, que comporta uma dimensão que raramente fica aquém das expectativas – é sempre MAIS! O tempo, essa ideia tão perseguida ao longo de toda a nossa vida, fica rapidamente saturado de horários de sono que desafiam qualquer pessoa noctívaga, choros que custam consolar e que dão cabo dos nervos mais resistentes, transformando os pais e mães por vezes em criaturas envergonhadamente irreconhecíveis (com que os próprios não queriam passar tempo algum, quanto mais ter como pais!), decisões atrás de decisões sobre amamentação, alimentação infantil e familiar, rotinas de higiene, cuidados de saúde e gestão milimétrica de contactos com familiares e amigos. Em cima disto, o trabalho produtivo, o emprego ou a carreira que, para a quase totalidade das famílias é o que permite que, com mais ou menos tempo, efetivamente se consiga ter... uma família.

Nesta constelação de mudanças em termos de identidade pessoal (*mas eu fazia e acontecia e agora sou só... mamas? Mas eu era o grande criativo e agora pela falta de sono não consigo ter uma ideia original?*), de identidade do casal (*olha para nós, éramos tão especiais, tão diferentes, gozávamos com os "outros" que só falavam de filhos e agora estamos os dois a cheirar a bolçado, num hipermercado, a discutir promoções de fraldas*), de intimidade (*parecemos colegas de uma mega empresa de logística familiar, dois CEOs exaustos que quando se encontram só conseguem falar da empresa... onde é que nos perdemos?*), sexualidade (*achas mesmo que depois de estar agarrada ao bebé durante duas horas a tentar adormecê-lo, sem que me largasse a mão, a cara ou o peito... achas que sinto o meu corpo minimamente disponível? Nem o sinto como meu!*) e de gestão do tempo e das tarefas familiares e profissionais (*se calhar na quinta-feira, entre dar mama às 19 horas, a chegada das compras, fazer a rotina do deitar do bebé, dar respostas aos emails urgentes enquanto jantamos, fazer uma máquina de loiça e tentar tirar leite às dez da noite... se calhar, conseguimos ver uma série juntos?*), os casais que conseguem manter a sua relação com um nível de satisfação relacional e sexual positivo são... praticamente heróis. São muitas vezes o que chamamos de casais especialistas, casais que conseguem descer ao fundo, mas que sabem que vão voltar a subir e, mais importante que tudo, como fazê-lo. São casais que se forçam a estar juntos, abrindo tempo na agenda, por vezes, à cotovelada e fazendo escolhas difíceis, para dates semanais, para fins de semana fora (ou dentro, mas com qualquer coisa de diferente), que mantêm um elevado sentido de autonomia pessoal (criando tempo sozinhos para projetos pessoais – fazer um desporto, sair com amigos, aprender uma arte nova), que sabem manter um fluxo contante de inovação na relação e, sobretudo, que sabem que não são perfeitos, que esta fase é provavelmente a fase mais difícil, muitas vezes um verdadeiro calvário e que o risco de correr mal é elevadíssimo, mas mesmo assim, querem arriscar e trabalham para serem autênticos, para partilharem medos e dores, para se sentirem seguros e vulneráveis com as pessoas que escolheram como parceiras.

Seja porque acham que não têm opção ou simplesmente porque é mais prático e sobretudo mais rápido, as mulheres continuam a ter a iniciativa de assumir a maior parte das tarefas parentais e domésticas. David e Diana são caso paradigmático que ilustra muitos casos que já vi no consultório. É quando nasce o bebé que os papéis de género, nos casais de pessoas de género diferente, tendem a tradicionalizar-se, às vezes ainda o bebé não saiu do hospital. Assim começam muitas rotinas que mais tarde se tornam regras familiares. O pai trata do carro, da borracha da máquina de lavar e leva o lixo. A roupa é com a mãe (que nunca é só *"a roupa"*: colocar no cesto, diferenciar, calcular número de máquinas e o trinómio temperatura-precipitação-vento, garantir que há detergentes e que são adequados, que são eco e que tudo o mais, fazer de facto a máquina, calcular o tempo até ir estender ou secar, monitorar em ambos os casos, tirar e dobrar e distribuir ainda por gavetas, armários e eventualmente voltar a colocar o que não ficou bem para o cesto e ainda porventura o provável horror de engomar ou organizar um serviço de engomadoria com os respetivos pagamento, entregas e horários. Certo, mas é só *"a roupa"* e são também com a mãe todas as tarefas relacionadas com a mercearia, loiça, pagamentos, mochilas, impostos, TPC, reuniões escolares, confissões e requisições de última hora… e médicos também.

Claro que o problema não é a divisão das tarefas domésticas *per se*, mas o complexo processo através do qual 1) os pais se coíbem de tomarem para si tarefas parentais e domésticas, seja pela insegurança que desenvolvem ao ver o quão mais eficazes são as mães (que foram socializadas para essas tarefas) a fazê-la ou porque sentem imediatamente os aparentes benefícios de não investirem de uma forma paritária, investindo mais no trabalho, um ambiente mais controlado e com muito mais estabilidade emocional do que uma casa desarrumada com um bebé aos berros; e 2) as mães chamam a si mais tarefas do que considerariam justo, derivando daí poder e sentimentos de valorização que não recebem nesse momento de outras dimensões da sua vida. Ambos perdem, elas porque estão exaustas, confusas, profundamente dececionadas com a família e por vezes mesmo com a maternidades, eles porque não estando lá para a parte mais *hard-core* do cuidar, não desenvolvem relações tão profundas como, de facto, sempre quiseram ter com os seus filhos. E, claro, são estes, outra vez, os modelos que são transmitidos aos filhos.

A ESTÓRIA

Começou logo na primeira noite, depois do parto. Diana estava exausta e não conseguia perceber a lógica de David não poder ficar no quarto com ela, com o seu filho, a receber o filho de AMBOS em família. A nova família. Diana sabia de antemão que isto ia acontecer, mas mesmo assim, por princípio, tinha escolhido um hospital público – *"merda para os princípios, isto é para além de absurdo"*. Nada a tinha preparado para a violência desta proibição, justificada por um *"não há espaço, menina!"*, dito de forma leve e descomprometida como se... como se não fosse nada, apenas um capricho da Diana. *"Como assim, não há espaço?! Está ali um cadeirão. Vazio. Como assim, quando nasce uma nova família exclui-se logo o pai na primeira noite de vida do bebé? Somos um casal, somos os dois física, emocional e moralmente responsáveis por este bebé. Os dois. Como assim, vou ficar sozinha com o bebé. TODA A noite!? Como assim, toda a gente acha isto normal?"* Assim foi. O pai só podia entrar à hora da visita. Lidaram, claro que lidaram, mas não esqueceram.

Logo nessa primeira noite, houve algo que se começou a insinuar nas esquinas cognitivas de Diana: uma sensação de injustiça, de revolta, quase o início de um ressentimento que ainda não tinha nome, mas já se lhe sentia o sabor, sabia a mofo, a dor e a azedo e não parecia facilmente digerível. Reconheceu-lhe esse contorno e percebeu que não era uma sensação apenas contra o peso da história e o quanto esta foi injusta para as mulheres, nem contra o feminismo que era suposto já estar mais avançado e que lhe dava a ideia de quanto as mulheres podiam ter tudo e que afinal tinham era tudo em cima das costas. Era pior ainda, era, sem que ela o quisesse, contra David. O seu David. O seu David que normalmente se revoltava contra este tipo de injustiças tanto ou mais do que ela... Ali, simplesmente, anuiu perante o sistema e deixou-a. Deixou-a. Sozinha. Acabada de parir. *Como assim?!* Esse contorno peganhento de ressentimento em relação a David tinha outro contorno mais nítido de revolta contra um sistema patriarcal que David acabara por protagonizar. Não, não era culpa dele. Mas podia ter lutado um pouco mais ao lado dela, não encarar isto como normal, como *business as usual,* dizendo apenas *"é assim que o sistema funciona, são as regras."* Foi a primeira de uma longa lista de deceções com a maternidade. Ou seria com a maternidade em casal[15]?

David foi dormir sozinho, num silêncio pesado de preocupação. Sabia que Diana tinha sozinha a seu cargo uma criatura com cinco

15 - Apesar de serem inegáveis as provações logísticas e a massiva responsabilidade de criar uma criança sem ser num contexto clássico de casal, cada vez mais mulheres (só as mulheres é que dizem isto, porque será?) afirmam que sentem como surpreendentemente mais fácil a vida de monoparentalidade do que a vida em casal com filhos, não só pelo alívios da eventual insatisfação ou conflitos antes da separação, mas porque sentem que a ajuda que tinha do parceiro não era assim tão relevante quando comparada com o trabalho reprodutivo adicional que tinha por estar a viver com um homem, tendo em conta a desigualdade na distribuição de tarefas famílias e domésticas, assim como a trabalho emocional, também ele desigual, na relação.

horas de vida, completamente à responsabilidade, sabia do seu terror sobre uma amamentação não correr bem, o pânico de se rever nas histórias contadas pelos casais à sua volta – *"Disseram-me logo que tinha pouco leite"*; *"Fiquei com as mamas tão em pedra que não consegui tirar leite"*; *"Entrou logo uma enfermeira a dizer que o leite era fraco e levou-o logo para dar suplemento"*; *"Um desespero, sem ninguém que nos ajudasse, estávamos sozinhos"*. Imaginava Diana com dores, perdida naquele sítio frio, onde apenas na noite anterior (*"parece que já foi há uma semana!"*), quando estavam os dois juntinhos na cama do quarto do hospital a fazerem respirações, a sentirem os ritmos das contrações ainda leves, a fazerem um trabalho de equipa conjunto, a preparar o que aí vinha numa bolha quente e íntima de conexão e vulnerabilidade, apenas sobressaltados pelo barulho do pessoal de enfermagem e de apoio, como se estivessem num serviço *"normal"*, em horas *"normais"*, pelas 2 e picos de manhã a gritarem ordens uns aos outros, a bater tabuleiros e a acender luzes como se não houvesse amanhã, em modo Mercado da Ribeira ou do Bolhão.

Dormiu mal. No dia seguinte, voltou à hora da visita e encontrou Diana curvada sobre si própria, numa posição que – apesar de estrambólica – parecia estar a funcionar para alimentar a bebé. A culpa que David já trazia consigo desde a noite anterior, subiu de nível e transformou-se uma enorme sensação de incompetência e deslealdade. Mal trocaram olhares e Diana entregou-lhe logo a bebé para conseguir estender-se na horizontal – *"só 5 minutos, por favor, passei a noite toda dobrada para conseguir que ela mamasse, já não aguento com dores"*. Diana adormeceu imediatamente e David pode olhar para Ela – a sua nova Ela. A sua bebé. A maravilha. A perfeição. O universo todo saía disparado dos olhos da sua filha e revolvia-lhe as entranhas com um poder até então inimaginável. *"Era isto, afinal, eras tu"* – disse entredentes com os olhos já quase a transbordar.

Diana acordou, entretanto, e começou numa litania de dores e interrogações sobre a noite, se o leite já tinha subido, se a pega estava bem feita, que a bebé tinha feito um cocó tipo alcatrão, que não sabia se já não estaria com febre porque uma mama estava muito quente... David ia ouvindo, mas preso no namoro com aquele ser celestial que tinha nos braços. *"David! Estás a ouvir? O que achas? Como fazemos?"* David não sabia bem o que fazer, sentiu-se de repente ocupado por algo mais chio, mais prioritário. Queria espaço para viver aquilo, para perceber o que estava a acontecer. Não sabia como ajudar, Diana sentiu. Sentiu a distância. *"David, eu acho que ela não está a pegar bem, lembras-te das aulas? Era como?"* David estava ligado, instantânea e irremediavelmente à bebé, mas parecia pouco interessado nos detalhes dos cuidados mais práticos.

Diana sentiu-se deslocada, desamparada, desadequada e sobretudo desapontada. O segundo desapontamento da maternidade. Afinal, era verdade o que diziam: *"És mãe e ele agora já não te vê."* Não lhe saía da cabeça que se calhar aquela história de os homens terem nojo do corpo das mulheres depois de serem mães era mesmo real. Se calhar, não o devia ter deixado assistir ao parto. Se calhar, era mesmo tudo verdade. Se calhar, não havia escape possível. *"Não, isto é o David, não é um gajo qualquer e estamos em 2023, não estamos no século XVIII"* – repetia para si própria. *"Ele é diferente, nós somos diferentes, especiais"*. Mas ficou a semente, já bem enraizada, nos medos ancestrais.

Na segunda noite, mais uma vez sozinha, o leite começou de facto a subir e com isso também o nível de choro da bebé. *"Só queria que ele estivesse aqui agora, isto não tem lógica nenhuma... Temos de fazer isto juntos, foi ele que prestou mais atenção à parte do curso de preparação."* Mas David não estava lá. Estava a jantar com os amigos, um jantar *impromptu* de celebração. Ligaram-lhe, estava ele ainda com a cabeça à roda, a sentir que tudo tinha mudado e que não estava ao nível do que era esperado dele. Ela estava lá. Elas. Ele estava aqui, aparentemente com uma vida normal. Ignorou a sensação estranhíssima e foi jantar com os amigos. No terceiro dia, saíram do hospital. Foram para casa, mas foram um casal diferente, bem mais desigual, bem mais distante... bem mais *"normal"*.

A TERAPIA DE CASAL

Chegaram exaustos. A bebé, de 1 mês, tinha ficado com a avó, no relvado do jardim ao pé do consultório, enquanto os pais vinham à terapia ver o que havia sobrado deste caos pós-apocalíptico, aliás, depois do milagre da vida os ter abençoado. David vinha com um ar bonacheirão, era grande, simpático e afetuoso, de sorriso largo. Desconfiei, assim que entrou, que ia vomitar em lágrimas, na primeira sessão, tudo o que não tinha chorado nos últimos meses. Homens treinados para aguentar expectativas e emoções sem tugir nem mugir: sempre um excelente princípio para avenidas mais depressivas. Em Diana, reconheci imediatamente uma ferida mais larga, o desapontamento. Pois é.

Sessão 1

Luana: É bom ter-vos cá. Antes de começar, quero só reforçar que este é o vosso espaço, que vamos construindo em conjunto e que tudo o que passa nestas sessões é confidencial. Devo dizer-vos que esta confidencialidade tem duas exceções. A primeira é relativa à supervisão. Por vezes, torna-se necessário, e é uma boa prática na nossa profissão, discutir alguns dos nossos casos em supervisão ou intervisão de pares. Se tal acontecer, e é bom que aconteça, pois assim somos vários a pensar como melhor vos ajudar, temos sempre o cuidado de alterar qualquer detalhe que vos possa identificar, para manter a confidencialidade. A segunda exceção é mais excecional e diz respeito a situações em que é detetado que um ou ambos são um perigo para os próprios ou para outros. Têm alguma questão em relação a isto?

Ambos: Não... acho que não.

Luana: Tudo bem, a qualquer momento podemos falar sobre isso ou qualquer outra coisa sobre o processo terapêutico e os procedimentos das sessões, *OK*? Mas então vamos a isso... O que vos traz por cá?

David: Se calhar, é melhor começares tu... (olhar envergonhado para Diana)

Diana: Pois, isso se calhar já é dizer qualquer coisa... (desviando o olhar de David)

(silêncio)

Luana: O que estamos a fazer aqui hoje é, simplesmente, iniciar uma conversa. Não vamos estar com grandes teorias, a distribuir culpas ou a tomar decisões. Quero-vos conhecer e perceber o que é que, ao dia de hoje, vos está a pesar.

Diana: Bom, *OK*... como disse no *email*, temos uma filha muito pequenina, de 1 mês e... acho que é essa a raiz do que nos traz cá.

David: Não, quer dizer, não é a nossa filha que nos traz cá, foi uma gravidez planeada e estamos muito felizes com a vinda dela, mas, de facto, desde o seu nascimento que as coisas entre nós estão... difíceis.

Diana: Sim, claro que não é ela propriamente. Somos nós. Claro que sempre tivemos alguns problemas que se repetiam. Sempre tivemos alguma dificuldade em comunicar e, por vezes, discutíamos muito por causa de tarefas domésticas e até por questões mais íntimas. Não sei bem o que aconteceu, mas estamos... diferentes. Parecemos tarefeiros familiares, já não somos namorados.

Luana: Pois, só posso imaginar que este último mês foi uma reviravolta no vosso planeta. Ninguém nos prepara para um recém-

-nascido. O mundo fica mesmo diferente e, por vezes, não nos encontramos. Outras vezes, mudamos completamente e parece que o mundo espera que tudo continue igual. E, na maior parte das vezes, são as duas coisas ao mesmo tempo. O que tem sido mais difícil nestes últimos meses?

Diana: Olhe, acho que tudo tem sido difícil, sinceramente. O parto, o ter ficado sozinha no hospital – é algo que eu não consigo ultrapassar e que parece que me persegue para todo o lado – é a história da amamentação, que eu nunca achei que fosse tão penoso, é o sentir-me completamente sozinha e responsável por tudo. Aliás... culpada de tudo. Devia ter sido capaz. Devia ter sido mais capaz. Devia ter antecipado, devia ter-me, ter-nos preparado. Devia...

Luana: Esse "*devia*" é muito doloroso, não é, Diana? Tenho a certeza, e eu não sou nada de certezas, que fez mesmo o melhor que conseguia com as condições que tinha no momento e até desconfio que fez bem mais do que seria esperado.

David: Mas é esse o problema. A Diana está sempre a dizer que está sozinha, mas eu estou aqui. Eu sou o pai. E sou mesmo. Não sou nenhum daqueles idiotas machistas. Estou presente. Estou exausto também, não paro de fazer coisas para a ajudar.

Luana: Hum. Agora fiquei curiosa. O David disse ajudar. E que não era um idiota machista. Pode não ser o caso, cada casal é um planeta singular, mas normalmente quando ouço esse verbo – ajudar – neste contexto, quer dizer uma de duas coisas. Ou a Diana é considerada – por ambos – como a Gestora Familiar e o David é visto como um ajudante mais ou menos competente, ou ambos seguem uma ideologia de paridade e equidade familiar, mas estão com muitas dificuldades em executá-la e sentem-se presos numa lista interminável de deveres e haveres na relação. Faz-vos algum sentido? Gostava que fosse o David a responder primeiro agora.

David: Sim, é exatamente isso, ou... uma mistura dos dois. Eu tive um pai super ausente. Nunca foi esse o meu modelo a seguir, quero ser pai a 100 %, mas tudo o que faço está mal...

Diana: Oh David, não é nada disso... Eu sei que tu participas, claro que sim, não és um pai ausente, nem um idiota machista, há algum machismo na medida em que tu só tens noção aí de uns 40 % do trabalho que eu faço em casa e sinto que tenho de tratar de tudo. Tal como achaste que no hospital eu só tinha de dar de mamar, mudar umas fraldas e dormir umas sestas! E isso deixa-me furiosa primeiro e muito magoada depois.

David: Isso é super injusto, Diana. Eu queria ficar. Não me deixaram. E isso partiu-me ao meio. Era a minha filha. Eu perdi isso, os primeiros dias dela!

Diana: Pronto, já estamos a falar de ti outra vez...

Luana: *OK*, uau... Obrigada por me convidarem para esta festa, vocês estão a ser super eficazes em mostrarem-me a vossa dança.

Diana: A nossa dança?

David: É mais o nosso calvário, andamos nisto sem parar, é em *loop*, não para.

Luana: Precisamente. A vossa dança é o equilíbrio que vocês inventaram para continuarem a ser um casal, um modo de interagirem um com o outro, uma dança explícita e implícita entre as vossas necessidades e capacidades, entre as vossas feridas e as suas cicatrizes, entre os stresses do quotidiano e agora com esta bomba que vos explodiu em casa: uma filha. A dança do casal não tem a ver com um nem com o outro, é algo que só existe na interação entre os dois, é uma dança que mais ninguém conhece, e que por vezes vos deixa em modo chover no molhado, a pisar repetidamente os pés um do outro. E isso é frustrante. E dói de caraças.

(silêncio)

David: Sinto-me uma nulidade. Nada do que faço está bem. Por exemplo, quando fui mudar a primeira fralda à minha filha, ainda no hospital, nas raras horas em que fizeram o favor de deixar o pai entrar – lá está, para *"ajudar"* –, a Diana ficou literalmente colada a mim, a ver o que eu fazia, pronta a socorrer a sua cria dos braços certamente desajeitados do pai. Não me deixou fazer sozinho.

Diana: David, estavas super nervoso, a bebé estava a sentir…

David: Epá, desculpa, Diana, mas não estava, estava cauteloso, estava pela primeira vez a mudar a fralda. Tu já tinhas feito aquilo dezenas de vezes ao longo da vida, mas foi a minha primeira vez. Não me deste espaço nenhum e tu já partias de um lugar de vantagem.

Diana: Vantagem, David?! Eu é que tenho o trabalho todo, era o que faltava, grande vantagem…

Luana: Agora o David disse uma coisa mesmo importante, Diana. Quando nós temos mais informação e mais experiência numa área qualquer das nossas vidas, mesmo que isso acarrete um peso enorme, consegue ver que há nisso uma espécie de… poder?

Diana: Poder? Eu não me sinto… nada poderosa.

Luana: Eu sei que não se sente. Pelo contrário. Este sentimento não costuma estar à tona da água, é daqueles que está um bocadinho para baixo. Consegue colocar-se nos pés do David, enquanto ele está a mudar uma fralda, e olha para si? Consegue ver o poder que, aos olhos dele, a Diana terá?

Diana: *OK*... acho que consigo vê-lo a sentir-se como um aluno... assim para o medíocre.

Luana: *OK*, é isso, esse é um dos vossos diferenciais de poder que provavelmente precisa de ser reequilibrado. O David precisa de mais poder na parentalidade. E com isso vem naturalmente mais trabalho e mais responsabilidade. Mas fez-lhe sentido, David? Essa imagem da professora?

David: Completamente. E eu sempre a levar nas orelhas, sempre a ser criticado naqueles primeiros tempos.

Luana: Desconfio sempre quando ouço a palavra sempre. Mas já lá vamos. Quando foram para casa, o que aconteceu? Com as fraldas... e com o resto?

David: E com o resto, precisamente. A Diana já vinha do hospital com uma ligação que eu não fui autorizado a criar, já com n técnicas – e acho muito bem que as tenha desenvolvido, mas não me deu o mínimo – mínimo! – espaço para eu criar a minha forma de fazer as coisas. E nos primeiros meses foi assim, quando eu mudava a fralda, se por acaso a bebé chorasse, a Diana saltava logo: "*Não é assim. Cuidado! Olha o elástico. Assim estás a magoá-la. Atenção à cabeça! Credo, que falta de jeito... despacha-te, olha o frio! Pronto, venha cá bebé da sua mãe, o pai não percebe nada disto, pronto vá... não chora bebé, o pai é mau... pronto, aqui já estás bem no colinho da mãe*".

Diana: Isso soa horrível, de facto. Eu não gosto dessa imagem de mim própria, mas estava exausta, simplesmente não podia prescindir da eficácia... qualquer choro a mais, podia fazer transbordar o meu copo.

Luana: Diana, o copo provavelmente já estava a transbordar desde o hospital. O que vos fizeram foi uma violência institucional. E não foi culpa vossa. Não foi. E teve consequências.

E a vossa dança, a dança de casal, depois ajustou-se a essas consequências e vocês começaram a agir de uma forma que não vos representa. Mas a génese não foi vossa. Não só foi da instituição, que em si representa um sistema, como foi também do caldo social onde nascemos e crescemos e que fez com que a Diana tenha sido muito mais socializada que o David para saber com competência endereçar todo o trabalho reprodutivo. Com custos gravíssimos para a sua saúde física, mental, relacional e financeira. Esse caldo também fez com que o David se ajustasse ao seu privilégio quando não conseguiu sentir-se competente na parentalidade, retirando-se não só de muitas responsabilidades parentais e domésticas porque não se sentia valorizado nelas, como retirando-se também da relação, engolindo as suas emoções para parecer forte e negando a Diana a visão sobre a sua dor e fragilidade. Foi isto, David? A que é que sabe, essa sensação?

David: Sabe a impotência. Não sei qual é que é o meu papel. Não caibo em lado nenhum.

Diana: Pois, eu infelizmente sei bem de mais qual é o meu.

Luana: Diana, antes de me dizer qual é o reverso da medalha, gostava que escolhesse, de tudo o que o David já disse hoje, qual é a coisa qual é ela que sente que o David tem mesmo, mesmo toda a razão.

Diana: Hum... *OK*. Deixe-me pensar. Ele tem razão em muitas coisas. A minha revolta não é só com ele. E ele tem também razão na revolta que sente comigo. Na minha dificuldade em largar, em confiar, em deixar que ele faça as coisas. E fico bruta.

David: Pois ficas. Insuportável.

Luana: OK. David, não sei se já reparou, mas a Diana tem mesmo uma capacidade incrível de se colocar na sua posição. Se não o faz com mais regularidade, é mesmo porque está exausta, magoada e a sentir-se injustiçada.

David: Absolutamente. A Diana é incrível e percebe-me super bem. Sempre foi forte nisso e em tantas coisas. Mas não sei o que fazer.

Luana: Já lá vamos, David. Diana, de onde vem essa dificuldade, a de não conseguir largar, ter de controlar tudo, não o deixar entrar?

Diana: Do cansaço. Da enormidade de tarefas que tenho de fazer e de todas as vezes que ele as fez mal, ou as deixou a meio ou fez diferente e eu acabei por ter mais trabalho ao deixá-lo ajudar-me do que ao fazê-lo sozinha e eu quero que ele participe, mas eu não posso ter mais trabalho!!! Não posso! Vou estourar!

Luana: Se nada mudar, tenho a certeza que vai. Não estamos feitos para viver sob este stress sem que os danos à nossa saúde mental sejam elevados. Podem demorar, mas aparecem. E o que vocês me transmitem aqui é uma tempestade perfeita: no momento de transformação profunda deste casal, desta família, na sua transição para a parentalidade, o sistema empurrou-vos para o posicionamento mais tradicional de género. No meio deste stress todo, ambos os membros do casal ajustaram-se precisamente a esses papéis de género tradicionais, foram conformistas nesse sentido. Foi o que vos pareceu mais lógico, mais evidente. Ideias antigas e francamente opressoras ocuparam lugar lá em casa, a mulher no espaço da casa e no incansável, no impagável e infindável trabalho reprodutivo, o homem no espaço da rua e no trabalho produtivo, sem espaço para ser genuíno ou sequer humano. Não discuto se isto poderia alguma vez funcionar, mas sei que para vocês não funcionou, esbarrou de frente com a vossa ideologia pessoal, com as expectativas sobre que parentalidade querem e com o ideal que construíram para este casal, um ideal paritário, assente num afeto investido e num reposto profundo pela individualidade de cada um.

David: Isto tem mesmo de mudar. Não estamos a levar uma vida que nos represente. E queremos mesmo o melhor para a nossa filha. Que por acaso tem pais incríveis.

Luana: Estou tentada a concordar. E David, deixe-me dizer-lhe, já vi muitas vezes o processo de convencer um pai perfeitamente competente a nunca mais mudar uma fralda na vida, basta uma mãe exausta e justificadamente desesperada criticar duas ou três vezes e logo o pai é tentado a dar corpo a uma incompetência estratégica[16]. Entre três a quinze dias já o ouvimos dizer para a mãe: "*O bebé tem a fralda suja e é melhor mudares tu, ele comigo chora. Não tenho jeito... as mães é que sabem.*" E assim caímos todos na mesma armadilha. Mas a dança não se desfaz sozinha, a partir de agora, cada mudança individual que fizerem terá um impacto no outro. O que tem de mudar mesmo não são vocês, é a vossa relação. A vossa dança.

---

16 - Weaponized incompetence, no original, que se traduz para Incompetência Estratégica, refere-se à forma como um dos parceiros, frequentemente o homem num casal de género diferente, finge ser incompetente, ou incapaz de melhorar, numa certa tarefa por forma a evitá-la. Pode ser relativo a qualquer tarefa, mas geralmente manifesta-se nos interstícios da vida doméstica e do trabalho reprodutivo, tais como tarefas de cuidado da casa, organização de agendamentos médicos para os filhos, lembranças de aniversários e organizações de eventos familiares, organização da roupa de casa, entre outras. Ao longo da relação do casal, estas recusas e escusas de certas tarefas vão-se solidificando na dinâmica da relação, através da prática e repetição, reforçando as desigualdades domésticas associadas aos papéis de género.

Sessão 4

Luana: Então, como estamos hoje?

Ambos: Absolutamente exaustos. A criatura não dorme. As noites são um inferno.

Luana: É uma época difícil esta dos 4 meses, mas cheia de oportunidades em termos de rotinas. O que acham que está a funcionar melhor lá em casa, o que é que melhorou?

David: Eu. Eu melhorei (risos). Modéstia à parte, acho que estou muito mais participativo em casa e com a bebé.

Diana: Mas... queres uma medalha?

Luana: Diana, o seu tom faz-me pensar que a Diana acha que ainda não é suficiente e muito provavelmente tem toda a razão. No entanto, é muito importante focarmo-nos nas mudanças pequeninas e eu precisava mesmo que a Diana me dissesse quais são as mudanças, por mais mínimas que sejam, que tem visto no David.

Diana: Certo, é verdade, tem havido algumas alterações. As noites, que continuam horrendas, só para tornar isso claro porque não vejo isto como sustentável, estão agora quase suportáveis, porque o David deixou-se de ficar na cama enquanto eu trato de tudo. Agora tudo o que é acessório à mamada, ele faz. Não posso dizer que faça uma diferença enorme no meu sono, porque não faz, mas faz uma diferença enorme na forma como se sinto vista, respeitada e acompanhada. Acompanhada. É isso, acho que é essa a grande diferença. Nestes últimos meses, tenho-me sentido mais acompanhada pelo David.

Diana: (virando-se para David) É mesmo importante que saibas que eu estou a ver a mudança e ela é positiva, essa direção, mas não te vou dizer obrigada porque estás simplesmente a fazer a tua obrigação de pai. Entraste nisto comigo, eu não te arrastei. Mas vejo-te. E é bom. E estás mais tu. Tinha algumas saudades disso, confesso.

David: Eu percebo, tens razão. Ainda me sinto muito perdido e sinceramente não faço mesmo ideia do que posso fazer mais. Mas estes últimos meses foram diferentes, senti-me mais presente, mais eu, mais competente, mais eficaz, mais... olha, até mais honesto, autêntico, transparente... como se não tivesse de ser duas pessoas diferentes: o David profissional no trabalho e o David *baby-sitter* e empregada doméstica em casa.

Diana: Estás a gozar comigo, só pode.

David: O quê? Não percebi.

Diana: Nem consigo explicar, isso põe-me doente.

Luana: David, aquilo que acabou de dizer é um excelente exemplo de como carregamos dentro de nós os discursos culturais opressivos em relação ao género e aos papéis parentais. E em relação ao tipo de trabalho que é valorizado. O David não é *baby-sitter*, é pai. O David não é empregada doméstica, é um homem adulto que tem responsabilidades domésticas por uma questão de auto e hetero cuidado. Porque cuida e quer cuidar.

David: Certo, isto escorrega sempre. E têm razão. Ainda me vejo muito assim, mas não quero mesmo perder o foco do que estava a dizer, quero mesmo mostrar o que sinto. E o que sinto é mais inteiro. Sou pai. E isso está comigo agora sempre. Estou na empresa e continuo a ser pai e isso está primeiro. E saio a horas porque de quem eu tenho de cuidar é da minha família, eu só vendo as minhas horas de trabalho, não vendo a minha identidade, ou energia, ou dedicação.

Essa coisas eu quero para a minha vida pessoal. E isto é uma grande mudança em mim e neste momento permito-me mais, com menos culpa, estar mesmo entregue. Em casa. Com a filha. Na relação.

Diana: Sim. Eu acho que tenho sentido isso, David. E acho incrível essa mudança. Mesmo!

Luana: *OK*. As duas coisas são simultaneamente verdade, não é? Vocês têm os dois razão e isso pode parecer incompatível, mas não é. Do vosso ponto de vista, a vossa perspetiva é necessariamente diferente mas ainda que bem que existem pontos de sobreposição dessas perspetivas, e cada vez mais. É sempre muito interessante ver como uma melhor organização das coisas em casa se traduz imediatamente num aumento de bem-estar no planeta casal.

David e Diana: (suspiro)

Luana: Eu sei, eu sei, parece pouco, parece que nada mudou, como estas noites, estas terríveis, tenebrosas, execráveis e sim, fatais (para a vossa saúde física, mental e relacional) noites. Mas vocês estão efetivamente a começar a mudar a vossa dança. Vejam só o que já conseguiram fazer: organizaram-se para jantar mais cedo por forma a estarem mais calmos na *"hora das bruxas"*, e, por isso, o David agora vem mais cedo para casa, fazendo quase uma greve de zelo no trabalho e não saindo depois das 17 horas. Essa pequena grande mudança permitiu que o David participasse mais nas tarefas parentais quando elas são mais desafiantes: ao final da tarde. E parece ter contribuído aqui para o início de uma mudança quase identitária – do homem hiperfocado, mas infeliz no trabalho, para o homem complexo e multidimensional que investe a sua energia e afeto onde conscientemente decide o que quer. Tornou-se autor, não ator, da sua vida. A Diana, que estava desejosa, mas receosa da sua competência, está a recebê-la muito bem, e a começar a prescindir também de algumas coisas que se calhar não eram assim tão importantes para o seu papel de mãe, pois também a Diana se mantém multidimensional, não é só mãe. E está a conseguir que a zanga, tristeza, frustração e desapontamento, neste início de parentalidade, não a cegue. Consegue efetivamente enxergar as mudanças no David. E o que estava adormecido, está a começar a despontar: o casal. Robustecerem a equipa parental, o que abriu espaço para o casal começar a aparecer um bocadinho... tem acontecido um pouco quando o David chega a casa, certo? E quando acabam de deitar a bebé, também um bocadinho. Vamos falar disso mais tarde, ver como aumentamos este espaço conjunto de descompressão diária é também uma forma de conexão quando tudo e mais alguma coisa está a acontecer. Mas por agora, a Diana está mais esperançosa, o David está finalmente a sentir-se mais competente e, ao ouvi-lo, também não pude deixar de notar que se sente muito mais ligado à sua filha. Estas coisas estão ligadas, não há verdadeiro apego sem o trabalho de cuidar.

David: É verdade, sinto sim... já a percebo mais. E há choros que consigo consolar, não fico logo aflito a patinar. Só numa urgência entrego-a à mãe para ela – ou a mama – fazerem a sua magia.

Diana: A mama, David?! Eu não sou uma mama. Nem duas!

David: Não é isso, é para alguns choros. Eu já consigo consolar alguns, achei que era impossível, mas ela de facto por vezes acalma comigo. Há ali duas ou três posições no meu colo que funcionam muito bem – em cima do braço de barriga para baixo, encostada ao meu ombro quando estou na em cima da bola de pilates, às minhas costas, no pano, quando estou a fazer o jantar... claramente, há progressos. Mas nesta cena da noite, eu acho mesmo que ela só aceita ser consolada por ti, porque tu tens o que ela quer... e ela quer mesmo muito mamar de noite.

Diana: É verdade, mas não as posso tirar. E não aguento mais porque ela acorda a cada duas horas à noite, às vezes a cada hora... e já lá vão quatro meses. E a ajuda do David aí é medíocre, mesmo que ele queira... desculpa, David, mas é... *OK*, ele já ma vai buscar e levar e mudar a fralda, mas eu estou acordada na mesma... sempre, sempre lá! E não sei o que ele pode fazer mais.

Luana: Sente-se uma bomba de gasolina, ela vem e vai e vem e vai e o David até conduz, mas é a Diana que tem de estar sempre disponível, 24/7.

Diana: Ai, a sério, não quero mais isto.

David: Não há outra forma de fazer isto?

Luana: Pode haver. Acho que tendo em conta a idade da bebé e estando tudo a correr muito bem em termos de desenvolvimento, a prioridade agora é tratar destes pais para que possam tratar melhor da sua filha. Como já sabem, os psicólogos não dão conselhos, mas os terapeutas familiares trabalham com hipóteses. A minha hipótese, neste momento, tendo em conta toda a informação que já recolhi aqui convosco, o estado da vossa relação e as vossas necessidades pessoais, e estando a ser capazes de construir uma nova equipa, pelo menos ao nível parental, mas com um cenário ainda extremamente desafiante... é termos de organizar de forma diferente a alimentação da bebé. Neste caso, a amamentação, que está intimamente relacionada com o sono. Se conseguirmos mudar um pouco o padrão da alimentação, espaçando os tempos entre as *"snacks"* primeiro, e substituindo os *snacks* a cada duas horas por *"refeições"*, a cada três ou quatro horas, o padrão de sono seguiria o mesmo caminho e ela provavelmente faria noites mais completas.

Diana: Isso soa a magia, podemos encomendar? (risos)

David: Era tão bom!

Luana: Certo, mas nem é magia, nem é exatamente fácil. Precisam de comunicar as vossas emoções e expectativas um ao outro praticamente ao minuto, pois o potencial de desentendimento ou má interpretação é enorme. Aqui, quase tudo depende da capacidade de satisfazerem as outras necessidades da bebé que não a alimentação: proximidade física, conforto, mimo, estimulação, relaxamento. Uma amamentação que corre bem para os bebés tem isso tudo e a Diana foi excelente em providenciá-lo. Agora, parece-me que esta família precisa de outra alternativa dentro da manutenção da amamentação[17].

---

17 - O campo da alimentação infantil, e da amamentação em particular, é um terreno fértil para culpabilizações maternas cientificamente erradas ("o bebé chora porque o leite é fraco"), pressões e expectativas injustas ("amamentar só é bom em livre demanda, sempre que o bebé quiser, tens de estar sempre disponível, é lidar, é o melhor para o bebé e ele está primeiro, agora tu não és o mais importante"), conselhos profundamente desfasados da realidade quotidiana da maioria ("dormes quando o bebé dormir") e profundos desrespeitos pela saúde mental dos pais e pela salvaguarda do bem-estar familiar. Para necessidades de ajustamentos mais ligeiras, as propostas de Neves (2021) são de largo espectro e fácil implementação, assegurando bons resultados e famílias mais aliviadas. Em casos mais graves onde a família já não se está a conseguir regular, as metodologias propostas pelo método Babywise (Ezzo & Bucknam, 2012) e, em Portugal, sobretudo divulgadas por Sommerfeldt (2014) são métodos seguros e razoáveis que podem fazer a diferença no bem-estar familiar e, em última análise, ajudar até a prolongar uma amamentação que de outra forma seria interrompida por exaustão. O medo tantas vezes proclamado em relação a qualquer coisa que, ainda que remotamente, se assemelhe aos malfadados treinos de sono é cientificamente injustificado (Mindell et al. 2006).

David: Quer dizer, dar colo e estar com ela mesmo sem dar de mamar?

Luana: Exatamente, David, é isso mesmo. E o seu papel vai ser absolutamente determinante para o sucesso desta operação...

Diana: Pois, é que ele disse aquilo a brincar, mas a verdade é que eu sinto que não tenho mais nada em mim para dar à bebé sem ser mamas...

Luana: Mas tem tanto, Diana! Tem olhar, toque, colinho, ritmos, embalo, festinhas, um ninho seguro... e vai provavelmente ver a relação com a filhota a expandir como nunca achou ser possível.

David: Isso... isso quer dizer que começamos, por exemplo, a dividir as noites?

Luana: Pode ser uma opção. Por exemplo, a Diana ir dormir logo a seguir à primeira mamada da noite, ali por volta da meia-noite, e o David ficar responsável, já que é mais noctívago, por essas primeiras três horas. Caso a bebé acorde, é responsabilidade do David consolá-la, readormecê-la e, se for caso disso, tomar decisões difíceis, como acordar a mãe, que deve ser uma exceção, ou aguentar-se até o seu turno acabar, nunca deixando a bebé sozinha a chorar, claro!

Diana: Tenho a certeza que ele não aguenta mais que cinco minutos de choro.

David: Sabes que no outro dia aguentei vinte, quando ela estava inconsolável logo a seguir à mamada, até achámos que não tinha mamado bem, lembras-te? Mas afinal era aquela diarreia, estava mesmo com dores de barriga. Aguentei-me bem porque coloquei tampões nos ouvidos e assim estando sempre com ela ao colo, ou no pano ou na bola, o som não ficava tão alto ao ponto de eu começar a ficar nervoso. Acho que é mesmo o som que me causa mais desconforto.

Luana: David, na mouche, estamos mesmo treinados para responder com toda a nossa ativação fisiológica ao choro do bebé. Isso é uma excelente ideia e pode ajudar também a Diana.

Diana: Pois, para mim vai ter mesmo de ser. Senão, vou logo a correr e de facto não é preciso. Eu às vezes até acho que ela era capaz de readormecer sozinha, mas depois eu chego e ela fica logo mais excitada e acordada.

Luana: Diana gostava que dissesse ao David o que é que isto a faz sentir.

Diana: Sinto-me com esperança. E medo. E quero-te pedir, David, que leves isto a sério, eu não tenho muito mais para dar. É urgente esta mudança, preciso de todo o teu investimento.

David: Estou cá, todo.

Luana: David, o que gostaria de dizer ou pedir à Diana?

David: Que por favor não boicotes os meus esforços. Que não gozes comigo quando eu estou aflito e a tentar fazer o meu melhor. Que quando me vês ambivalente perante qualquer coisa me dês uns minutinhos para eu conseguir tomar uma decisão. Que me vejas como pai. É isso.

Luana: Vamos levar estas práticas lá para casa? Até à próxima!

AÇÃO DIRETA

Sempre & Nunca:

A comunicação positiva quotidiana no casal – a linha de base que se estabelece e que dá forma às interações mais simples do casal – não é assim tão difícil. Tem regras simples que estão feitas para serem quebradas apenas quando a intensidade da zanga passa certos níveis. As palavras *"sempre" e "nunca"* devem ser utilizadas tão raramente quanto possível pois perturbam irremediavelmente a compreensão da mensagem pelo outro, tornam a conversa mais hostil e descentram a atenção do conteúdo para a forma. Basta substituir um *"Nunca me ouves!"* por um *"Não me estou a sentir ouvida"*, ou um *"Sempre que proponho alguma solução, sou logo criticado, nunca aceitas nada do que eu digo"*, por um mais claro e autêntico *"Quero propor soluções para isto, mas não tenho sentido que elas são bem acolhidas e gostava que valorizasses um pouco mais o meu esforço"*.

5 elogios para 1 crítica:

Sabemos que a relação de casal beneficia se o rácio de comunicação positiva para negativa for de cinco para um[18]. Isto não significa que têm de andar a fazer contas, mas é uma ilustração que mostra que o dano causado por uma crítica descritiva, um ato menos empático ou uma reação menos positiva, só é compensado por um número muito maior de ações positivas, no qual se

18 - Os estudos do casal Gottman já são um clássico moderno e continuam a valer a pena uma investida, pois trazem soluções e sugestões muito portáveis para fora da terapia de casal. Um bom e acessível resumo encontra-se no livro "Sete Princípios do Casamento" de Gottman & Silver (2001).

inclui a comunicação e expressão de afeto. Dar elogios concretos e sentidos, abraços inesperados, antecipar e resolver um problema comum, mostrar preocupação pelo outro, dar as mãos na rua, planear e executar uma saída, mostrar afeto de uma forma diferente, simplificar a vida da pessoa parceira quando está sobrecarregada, são exemplos de ações diretas que podem ajudar a rechear a conta bancária emocional do casal a níveis muito positivos. Assim, com esta almofada emocional de base, este investimento conseguirá amortecer de forma mais eficaz os danos das interações negativas que naturalmente vão acontecer.

Câmara de descompressão diária:

A maioria dos casais passa o dia a trabalhar e só se reencontra ao final do dia. Com filhos, responsabilidades domésticas e os cada vez mais prováveis restos de tarefas do trabalho, esse reencontro do casal quase nunca é pacífico, o que tem custo na conexão emocional, na atmosfera de casa, na sexualidade do casal e no bem-estar de cada um. Muitos casais tendem a chegar e depositar logo, verbalmente, todas as frustrações do seu dia e isso pode ser problemático também. É importante refletirmos sobre como é que queremos ser recebidos em casa e sermos intencionais acerca disso. Nesses primeiros 15-20 minutos ao chegar a casa, que tal criar algo mais ritualizado que reconecte os parceires e ajude a mudar o chip do dia de trabalho para aquela outra parte da vida? Por exemplo, vão para o sofá e cada um tem cinco minutos para contar as coisas mais relevantes do dia e, depois desse tempo, fazer perguntas mais relacionadas com o estado emocional de cada um: "*OK, então depois disso, como te sentiste? E depois, conseguiste sentir algo diferente? E agora, como te sentes?*".

Outra alternativa é darem um passeio no bairro ou num jardim pertinho de casa, que dá para fazerem também com filhos e, por exemplo, só falarem de planos e sonhos, ou de emoções e sentimentos, ou de arte e *hobbies*, ou de memórias importantes. Ou ainda, beberem um aperitivo à janela para com sorte apanharem os últimos resquícios do dia, enquanto fazem perguntas disparatadas um ao outro. Ou ouvirem uma música (ou três) deitados no chão da sala, numa quase meditação reparadora do dia. Ou dançarem. As possibilidades são infinitas, mas é a intencionalidade, o planeamento e a repetição que vão tornar este ritual algo transformador e rico para a vida de casal.

Gestão de agenda social e familiar:

Embora as relações de amizade e com a família alargada sejam essenciais para o bem-estar dos parceires, é importante perceber que na transição para a parentalidade o tempo é mesmo o recurso mais escasso. Assim, se os fins de semana são passados entre pais e sogros, nos famosos almoços de domingo, numa correria de bairro para bairro para satisfazer as necessidades de todos menos as do planeta casal, é tempo de começar a dizer alguns nãos e de começar a arranjar alternativas viáveis para uma melhor gestão do tempo dedicado às várias relações importantes. Seguem-se alguns exemplos, pensando em pessoas com filhos de várias idades, de alternativas criativas para colocar limites com assertividade e manter ou aumentar a ligação social e afetiva, maximizando os nossos recursos de apoio social[19]:

- Caros pais/sogros, vamos passar o almoço semanal de sábado/domingo para quinzenal, nós precisamos mesmo de passar mais tempo juntos em casal. Mas queremos muito que estejam com

19 - *It takes a village* – os humanos não foram feitos para viverem isolados em núcleos mono familiares, fechados a trabalhar durante o dia e praticamente sem contacto social fora disso. Fomos feitos para dividir as responsabilidades domésticas com familiares e amigos, para nos sentirmos apoiados em ajuntamentos comunitários frequentes onde se discutem e resolvem problemas, onde se sabem e se contam as novidades e onde temos também nós uma função. O desenvolvimento de uma boa rede social é insubstituível para o bem-estar relacional e pessoal.

o vosso neto o maior tempo possível pois isso é bom para todos, por isso, gostávamos de sugerir que nos sábados/domingos em que não almoçamos todos juntos, vocês venham passar a tarde aqui a casa com o bebé, para irmos arejar um bocadinho. É bom para nós e uma boa oportunidade para avós e netos estarem mais livres, sem o controlo dos pais.

- Caros amigos, em vez do jantar quinzenal com as crianças todas ao barulho, vamos passar um dos jantares por mês a jantar sem filhos. Entre todos, contratamos uma ou duas pessoas de confiança para as funções de *babysitting* e vamos sair. Ou, como alternativa mais em conta, ficamos à vez com os filhos uns dos outres e vai rodando. Mantém-se o contacto social entre as crianças, que queremos que cresçam juntas, mas assim os pais também respiram!
- Caro casal amigo, vamos inaugurar os dates de sexta-feira e começa já para a semana. Vai ser assim: os vossos filhos vêm dormir cá a casa, nós fazemos uma noite de cinema doméstico para a criançada e vocês vão sair os dois e dormir sozinhos em casa. Na próxima sexta, ficam vocês e assim sucessivamente!

LEONOR & LEONEL

Os meus, os teus… e os nossos?
Privacidade e projetos
numa família complexa

O TEMA

Fico sempre aflita quando tenho de usar o termo família reconstituída. Faz-me lembrar aqueles bolos que já vêm com os ingredientes todos separados em pacotinhos dentro da caixa. Acrescenta-se leite e reconstitui-se. Já as chamámos de famílias reconstruídas, o que faz lembrar os despojos de (prováveis) guerras anteriores e até lhe poderíamos chamar complexas – mas não o são todas as famílias? O termo inglês – *blended families* – ilustra, a meu ver, com maior rigor o que de facto se passa nestas famílias, um encontro de pessoas de diferentes culturas familiares, normalmente em diferentes pontos do ciclo de vida, a viver períodos diferentes de eventuais lutos de relações anteriores, com estilos parentais nem sempre compatíveis, gerindo a coparentalidade com os ex-parceires e trazendo para a relação lutas pessoais e bagagem relacional. Muita bagagem. E é isso que torna estas famílias tão interessantes na sua potencialidade... e complexidade.

Vários fatores podem tornar esta adaptação mais trabalhosa ou mais fluida, sendo que a gestão da logística doméstica, a definição de regras, o contraste dos estilos de parentalidade, de comunicação e de expressão de afeto, o estabelecimento das relações de madrasta/padrasto e a negociação de dias ou semanas alternadas tendem a ser as maiores fontes desta tal complexidade. Se numa família intacta, muitas vezes as coisas são como são *"porque sim"*, numa família desta complexidade existem pelo menos duas agendas políticas que podem, em última análise, ir a discussão e a votos. Se calhar, a hora de dormir vai ser diferente para os filhos de um e outro, mas podem partilhar todos a hora da refeição. Se calhar, o estilo de atividades em família vai ser diferente para uns e para outros, mas descobrem uma atividade que todos gostam e fica a preferencial dos sábados. Ou se calhar, um dos pais grita e impõe *time-outs* enquanto o outro é seguidor inveterado do *gentle parenting*[20], mas há linhas vermelhas que todos os filhos sabem que não podem ultrapassar. Todas estas regras devem ser discutidas, no mínimo, pela nova equipa parental, por forma a que estejam de acordo quando forem confrontados pela nova fratria emergente. Estas novas necessidades de negociação podem ser trabalhosas, mas guardam dentro de si potencialidades que muitas famílias não têm acesso, como uma maior flexibilidade, maior curiosidade sobre outros estilos de vida, outras perceções da realidade e formas de fazer as coisas, maior desenvolvimento de competências parentais, mais oportunidades para afeto e apoio, mais diversidade relacional (ganham meios-irmãos, novos tios e primos, por exemplo), maior exposição a outras experiências culturais, maior capacidade de adaptação e resiliência e ainda, se tudo correr bem, uma inestimável fonte de identidade, significado e pertença.

A questão do afeto nas famílias recompostas também pode não ser linear, pois embora a maioria das relações, com maior ou menor proximidade, se desenvolva de uma forma positiva, podem haver desafios específicos quando um dos eixos desenvolve uma relação mais conflituosa. O investimento na reparação e nutrição destas relações deve ser intencional, e pode exigir esforço e planeamento. É provável que as famílias *blended* estejam ou tenham estado recentemente em transições difíceis, que incluam um divórcio mais conflituoso[21], mudanças de casa, escola ou até de cidade. Uma adaptação

---

20 - *Gentle parenting* é uma abordagem que prioriza a empatia, o respeito e a conexão emocional entre pais e crianças, estimulando a autonomia e a promoção de uma comunicação aberta e afetuosa, evitando com veemência qualquer tipo de punição corporal ou comportamento opressivos que desafiam a autonomia corporal das crianças. Temas como o consentimento e a negociação são frequentes nesta abordagem.

21 - Sabemos hoje que apesar dos divórcios conflituosos terem um impacto negativo no desenvolvimento e bem-estar dos filhos, os piores resultados a esse nível vêm de relações de alto conflito que se mantêm pela exposição sistemática à tensão familiar. (Herrero, et al., 2020; van der Wal, 2019).

à nova dinâmica familiar, plena de rotinas e práticas acabadas de nascer. É natural que existam conflitos e estes são essenciais, não só para definir uma nova estrutura, mas para definir os alicerces e contornos que a rodeiam, nomeadamente no que diz respeito à forma como comunicam uns com os outros. Garantir que todos têm um espaço para ventilar as suas frustrações e que estas são acolhidas com atenção, naturalidade e disponibilidade, é meio caminho para o florescimento de relações com confiança e só assim se pode estabelecer o afeto e a vinculação na nova família.

Um dos grandes desafios destas famílias é o desenvolvimento de uma nova identidade familiar, a essência do que os caracteriza como família e a forma como se sentem em família nesta família. A identidade familiar é a resposta para a questão: "*Quem somos nós como família*"? Não terá uma resposta simples e é claramente um #workinprogress mas pode por vezes servir como um farol importante. É ainda essencial que na azáfama de gerir os filhos e as novas dinâmicas familiares, o casal e as pessoas que o constituem não se esqueçam de si próprios e dos mínimos olímpicos para o seu bem-estar e conexão, seja através de jantares semanais a dois ou de momentos individuais de autocuidado, como a prática de desporto ou de *hobbies* de forma regular.

Nesta família reconstituída, há pessoas a passarem por diferentes fases de vida, uma das crianças está em idade escolar enquanto outra já está na adolescência. Leonor, por exemplo, está a aproximar-se de uma fase de vida muito particular – a menopausa. É sempre interessante verificar que, apesar de muito mais pessoas passarem pela menopausa (quase todas as mulheres cis e muitos homens trans) do que por uma gravidez, a atenção social e científica dada à primeira é incomparavelmente menor, o que apenas reforça o peso da herança do sistema patriarcal, em que o valor da vida de uma mulher está muitíssimo relacionado com a sua capacidade reprodutiva.

A perimenopausa é um período de transição que pode ter início até dez anos antes da menopausa, sendo marcado por flutuações hormonais e irregularidades menstruais, ondas de calor, severas alterações de humor, perturbações no sono, secura vaginal, diminuição do desejo sexual, aumento de peso e gordura visceral, entre outros sintomas que podem afetar a qualidade de vida das mulheres. Este é um período ainda menos falado que a menopausa, já de si rodeada de tabus e desconhecimento, pois a saúde sexual e reprodutiva das mulheres raramente é uma prioridade ou alvo de educação, discussão e investimento – a vários níveis.

É importante perceber que este não é um tópico apenas de relevo para mulheres mais velhas, pois o período etário marcado por estas alterações, embora variável, é relativamente longo e as mudanças associadas podem provocar um assinalável sofrimento pessoal com impacto nos sistemas sociais à sua volta: filhos, família, casal, trabalho, comunidade. É prioritário tornar este tema mais visível para que o acesso aos cuidados de saúde na menopausa seja o mais rápido, transversal e eficaz possível. A Terapêutica Hormonal de Substituição (THS), por exemplo, é um tratamento médico específico para a menopausa e em algumas situações para a perimenopausa também, que é desenhado para aliviar estes sintomas à medida que também atua na prevenção de questões crónicas, como doenças cardíacas e osteoporose, melhorando por isso de forma significativa a saúde física e mental, bem-estar e qualidade de vida das pessoas na menopausa[22].

A relação de casal pode ficar particularmente afetada nesta fase e, não, não é só por causa de mudanças hormonais. Tendencialmente, mulheres a partir dos 40 têm já um autoconhecimento e experiência relacional elevada, ou seja, sabem o que querem. Com mais frequência ainda, sabem muito bem o que não querem e com os níveis de energia a diminuir e o tempo a estreitar-se, se as condições socioeconómicas o permitirem, não ficam muito tempo numa relação que não responda satisfatoriamente às suas necessidades, sejam elas de natureza intelectual, sexual, emocional ou logística. Relativamente à questão sexual, existem novas evidências que sugerem que, quando comparadas a homens em relações com mulheres, as mulheres em relações com homens têm uma maior necessidade de variedade sexual para manter o interesse pela mesma pessoa[23], interesse esse que certamente não será favorecido por infinitas discussões sobre estar sobrecarregada com a logística doméstica e os cuidados parentais.

Acresce ainda a todas estas alterações decorrentes da diminuição de níveis de estrogénio (que podem afetar o equilíbrio químico do cérebro e ter um impacto no humor e na saúde mental, numa mais que provável fase de reforço identitário de questionamento sobre os papéis sociais que representa e quebra de expectativas em relação ao envelhecimento, às relações, à progressão laboral ou valorização profissional, ou validação laboral e à sobrecarga familiar), a premente desinformação e desconhecimento sobre esta fase de vida, que chegará praticamente a todas as mulheres, o difícil acesso a cuidados de saúde adequados, que prolonga desnecessariamente o seu sofrimento, com graves consequências para a sua saúde e bem-estar, e também dos que a rodeiam.

---

22 - Em meados dos anos 2000, os resultados do estudo clínico Women's Health Initiative (WHI) levantaram preocupações sobre os riscos associados à Terapêutica Hormonal de Substituição (THS), como aumento do risco de doenças cardiovasculares, coágulos sanguíneos e cancro de mama pelo que a THS foi durante pelo menos uma geração severamente questionada, menos prescrita e olhada por muitas mulheres com desconfiança. Nas últimas duas décadas, a investigação científica tem apoiado, cada vez mais, a ideia de que a THS é uma opção benéfica para algumas mulheres que sofrem com sintomas graves da menopausa e têm baixo risco de certas condições de saúde. Consequentemente, as diretrizes clínicas foram atualizadas para uma abordagem mais individualizada na tomada de decisão, levando em conta os sintomas, a saúde geral e as preferências da paciente. É absolutamente fundamental que as pessoas a atravessar a perimenopausa ou a menopausa encontrem profissionais de saúde com quem se sintam à vontade para partilhar dúvidas e medos em relação a estes temas, por forma a que a decisão seja o mais possível colaborativa.

23 - Mitchellet al. (2017); Regan, & Atkins (2006); Rosen et al. 1997).

A ESTÓRIA

Leonor tem 43 anos e acorda todos os dias a sentir que tem a vida pela frente. Não tem, e isso às vezes nota-se. A perimenopausa chega em todo o seu esplendor e não se sabe o que trará o futuro. Os pequenos afrontamentos até nem são grande questão para Leonor, já o desejo sexual a diminuir vertiginosamente… sim! As rugas também não são questão, até se está a adaptar, mas esta coisa da textura da pele estar a mudar faz-lhe, isso sim, alguma impressão. Em geral sente-se bem e sente-se ainda melhor quando olha para o Leonel. Quem diria que o homem dos seus sonhos, literalmente, pois sabia que tinha sonhado com ele antes, chegava mais tarde na vida. Tarde, não atrasado, mas chegou exatamente quando era para chegar, ambos o sabiam. Teriam sido um absoluto desastre se se tivessem encontrado antes.

Leonel tem 41 anos e, agora sim, sente-se inteiro. Depois de um casamento que foi feliz até ficar apenas funcional, Leonel é agora um protótipo dos homens cishetero que descobriram que o seu potencial de desenvolvimento pessoal e sobretudo emocional e relacional é muito superior aos limites que a masculinidade tóxica ingerida com afinco todos os pequenos almoços da adolescência o queria fazer parecer. E aliviado que está, tantíssimo. Encontrou na Leonor não uma cara-metade, mas uma parceira inteira e encaixaram-se sem espinhas. Sem espinhas, mas com muitas peças soltas, pois Leonor já trazia o Leonardo, de 13 anos e Leonel trazia Lucas, com 9 anos. Sob vários pontos de vista, eram uma família já típica em Lisboa, de um nível socioeconómico privilegiado e, mesmo assim, com muita dificuldade em suportar duas rendas em separado. E, por isso, exclusivamente por isso, uniram esforços e conseguiram, num golpe de sorte, encontrar uma casa que respondesse às necessidades da família, um quarto para o casal, um escritório partilhado, um quarto para cada filho e um pequeno, mas luminoso quintal. Avançaram.

Já antes de tomarem essa decisão, Leonor e Leonel tinham algum nível de compromisso doméstico em conjunto, pois que este casal com duas casas, dois filhos e duas carreiras exigentes beneficiavam do que se pode chamar de *staff* familiar: duas empregadas bem remuneradas, uma para os trabalhos domésticos mais pesados de ambas as casas, e outra para a nutrição da família por outras vias, já que cozinhava um vez por semana para ambos os núcleos familiares e ficava com os miúdos quando Leonor e Leonel tinham o que chamavam de evento de adultos. Nada de especial: jantares, concertos, exposições. Queriam, podiam e não prescindiam. Tinham pouquíssimo apoio familiar, de ambos os lados, e por isso pagavam para ter resposta a essas necessidades.

Tinham-se conhecido em modo escândalo, como gostavam de dizer, precisamente numa dessas noites em que cada um saía com os seus amigues para dançar e lá pela madrugada, num sítio onde nunca ninguém certamente tinha sido muito feliz, engraçaram um com o outro e acabaram por, para gáudio des amigues dele e incredulidade des amigues dela, fazer logo ali, um *breakfast date*[24]. E já não se separaram. Leonor já estava separada e bem resolvida da sua relação anterior, Leonel teve de tomar a aparente tempestuosa, mas secretamente serena, decisão de se separar do seu casamento, uma decisão que andava a arrastar há anos, até fazer o *click* naquela noite. E ali, como diria Philippe Caillé... Ali, onde antes não havia nada, aqueles dois viram uma coisa, um casal e, tendo-a visto, viveram-na. Mais um encontro, mais uma possibilidade e era precisamente nesta ideia de possibilidade das quantidades de coisas que poderiam eventualmente dar certo que Leonor e Leonel tinham navegado nestes últimos dois anos.

Até que, com o início da coabitação conjunta, a sete – pois aos dois adultos com um filho cada um, somavam-se dois caóticos gatos

---

24 - Em português, um encontro romântico de pequeno almoço.

do lado da Leonor e uma simpática, embora gigante, rafeira alentejana do lado do Leonel – as tensões começaram a escalar, particularmente em relação à gestão dos espaços, privacidades, à definição de regras familiares e aos projetos futuros.

A TERAPIA DE CASAL

Assim que surgiram no ecrã da plataforma digital onde tínhamos consultas, percebi que isto ia ser mais interessante do que na primeira sessão. Quatro imagens apareciam no ecrã, numa esquadria perfeita: eu, a terapeuta, sentada no meu escritório improvisado da minha sala de estar, pois estávamos em tempo de Covid 19 e tinha fechado o gabinete, o João, o meu genial co-terapeuta[25], que me acompanhava nestas lides há alguns anos, no seu escritório doméstico; a Leonor, num gabinete insonorizado no seu local de trabalho, uma grande empresa de design gráfico e, por fim, Leonel, que participava na consulta através do telemóvel estrategicamente colocado no tablier do seu carro, estacionado numa bomba de combustível na A1, em viagem de trabalho para o Porto.

25 - Em terapia familiar e de casal sistémica, a prática da co-terapia é frequente desde o nascimento desta área científica, e comporta vários benefícios, entre os quais um maior apoio entre terapeutas e a possibilidade contínua de reflexão sobre o processo terapêutico, a deteção precoce de quebras na aliança terapêutica, a gestão de ressonâncias individuais que uma das pessoas interventoras possa desenvolver com alguns dos temas em análise, diversidade de perspetivas, treino de experiência profissional e pessoal, uma dinâmica de sessão mais animada e diversificada, apoio nas gestão de crises e até modelagem, entre os terapeutas, de comportamentos e estratégias de comunicação saudáveis e funcionais.

Sessão 2

Luana: Bom, estamos espalhados por todo o lado, que maravilha!

Leonor: É verdade, até temos terapia sobre rodas, não é, Leonel?

Leonel: Exatamente, espero não ter problemas de rede.

João: Estamos curiosos para saber como vos encontramos hoje e como encararam a primeira sessão.

Leonor: Estamos assim... tremidos!

Leonel: E não é porque estamos no carro!

Luana: Querem partilhar o que foi mais marcante desde a nossa última sessão?

Leonor: Pronto, na primeira sessão estávamos a finalizar a mudança de casa e falámos imenso sobre isso não, não é? Agora estamos instalados, de facto correu tudo muito bem, em termos de mudança, mas estamos já muito atrapalhados com os espaços e as logísticas. Olhem, se querem que vos diga, estou um caco, não sei para onde me virar! Estou um bocado impossível.

Leonel: Eu confirmo!

João: E o Leonel? Está ótimo, ou...?

Leonel: Não, não estou ótimo, tem sido difícil e confesso que lidar com o humor da Leonor me está a colocar já algumas dúvidas sobre esta mudança.

Leonor: COMO ASSIM? Estás com dúvidas?

Leonel: Calma...

Leonor: Desculpa, mas não me pedes para ter calma quando acabámos de mudar a nossa vida toda e agora vens para aqui dizer que estás com dúvidas. Tem dó!

Luana: *OK*, ninguém precisa de ter calma aqui, mas eu preciso de perceber melhor algumas coisas, pode ser? Então, primeiro, a Leonor estava a dizer que se sente assoberbada, penso eu. Pode falar-nos mais sobre isso?

Leonor: Sim, deixem-me organizar aqui um bocadinho que agora já fiquei irritada!

João: Tudo bem, temos tempo.

Leonor: Então, essencialmente três questões. Primeiro, a gestão dos espaços. Eu vivo sozinha, com o meu filho em part-time porque faço residência alternada com o pai dele. E por isso passo muito tempo sozinha em casa. E preciso, não, não é só preciso, adoro. Adoro e preciso. E isso, de repente acabou tudo. O Leonel está sempre lá. Todos os dias. E os miúdos estão quase sempre, ou um ou outro, porque não estamos a conseguir acertar os dias. E sinto que não consigo respirar.

Luana: Pois esse cenário parece um pouco claustrofóbico, na forma como o descreve. Viveu sempre assim, muito sozinha?

Leonor: Sempre, saí de casa aos 17 para ir estudar fora porque os meus pais não tinham dinheiro e eu arranjei uma bolsa para a faculdade e um trabalho em simultâneo, em Londres. Depois, vivi com amigos, mas sempre tive o meu quarto. Mais tarde, vivi com o pai do meu filho, mas foi sol de pouca dura pois separámo-nos ao fim de três anos. Desde aí, estive sempre a viver sozinha.

João: E a sua experiência, Leonel, é muito diferente, certo?

Leonel: Completamente. Eu não sinto nada disso, mas lá está, eu nunca vivi sozinho, passei da casa dos meus pais para casa da minha mulher e depois estive num apartamento com os meus primos durante os últimos dois anos. Nunca estive sozinho.

Luana: *OK*, faz-me muito sentido que estejam a sentir isso agora. O que é que têm tentado fazer esta semana para o colmatar? E como é que tem funcionado?

Leonor: Tenho tentado passar mais tempo fora de casa. No ginásio, sobretudo, também como já tinha dito, não me ando a sentir muito bem e a atividade física ajuda-me claramente a dormir e a sentir-me mais em mim.

João: O que quer dizer com *"mais em si"*?

Leonor: Aquela questão da perimenopausa que falámos na primeira sessão. Tenho dias em que para além de calores, afrontamentos ou lá como lhe chamam, sinto-me super desconcentrada e à noite é uma chatice para dormir. Às vezes, melhora. E era isso que ia dizer há bocado, essa era a segunda coisa, estes altos e baixos. Mas pronto, tenho ido ao ginásio e tenho nova consulta com a minha ginecologista para a semana, acho que vamos mesmo endereçar isto de uma forma mais *"musculada"*.

Luana: *OK*, temos aí duas coisas que ou estão a funcionar ou estão no bom caminho: ginásio e acompanhamento médico. Leonel?

Leonel: Eu tenho estado muito concentrado nas tarefas domésticas. Sei que não fui bem treinado e sei que é minha responsabilidade não deixar que as coisas escorreguem para o lado da Leonor, sei também que a probabilidade de isso acontecer é alta. Mas estou mesmo focado.

Leonor: Sim, eu confirmo. Não tem sido um problema, está até a superar as minhas expectativas e esse era claramente um dos meus medos.

Luana: Esse medo vinha da relação anterior?

Leonor: Sim, era muito desequilibrada essa parte. Basta-me olhar à volta, é muito desequilibrado em quase todas as minhas amizades, por exemplo. Mas está a correr bem.

João: Leonel, como se sente ao ouvir isto?

Leonel: Olhem, francamente, é um alívio. Até estou mais leve. Achei mesmo que era o busílis da questão. Sabe bem ver que está a funcionar.

Luana: Temos então três coisas que estão a funcionar, é importante não pararem de investir nessas. Agora vamos ao que não está a funcionar… Quem começa?

Leonor: Eu antes disso gostava de saber, já agora, um pouco mais sobre as dúvidas que o Leonel disse estar a ter no início da sessão.

Leonel: Por acaso, tem mesmo a ver com isto, sobre o que não está a funcionar. Eu acho que a Leonor se está a dar mesmo muito mal com o facto de partilharmos o quarto, o espaço do casal, o espaço de dormir. Temos ritmos muito diferentes, eu fui habituado a vida toda a adormecer no sofá, a ver televisão e a ir para a cama ali só na segunda parte da noite. Ora, a Leonor deita-se cedo…

Leonor: Cedo não, horas normais, tipo 11 da noite.

Leonel: Como eu estava a dizer, deita-se cedo, está com dificuldade em adormecer e depois tem o sono super leve, acorda assim que entro na cama e depois volta a ter dificuldades em adormecer.

Leonor: E durmo com tampões nos ouvidos e palas nos olhos, já por causa das tosses.

Leonel: Nada funciona.

Luana: Para este problema tão específico, que está a causar tanto impacto na vossa vida, conseguem pensar em alguma solução?

Leonor: Bom, voltarmos atrás com tudo não dá. E não quero.

João: Eu também não.

Luana: Posso perguntar porquê?

(silêncio)

Leonor: Este é um projeto conjunto, um projeto familiar. E tem tudo para correr bem e nós queríamos muito isto. Eu quero isto.

Leonel: Eu também. Aí tenho zero dúvidas.

João: Que bom partilharem desse sentimento. Têm a mesma visão de futuro, enquanto casal e enquanto família.

Luana: Era o que também desconfiava, mas acho importante dizerem-no aqui, a alto e bom som. Sem ser voltar para trás, mais alguma solução?

Leonel: Até tenho medo de dizer, mas... quartos separados?

(silêncio)

Luana: É uma ideia como qualquer outra. O que acham?

Leonor: Nunca tal me tinha passado pela cabeça. Os casais dormem juntos.

Luana: Os casais? Quais casais?

Leonor: Os casais que conheço...

Luana: Não conhecem nenhum casal que também tenha quartos separados?

Leonel: Por caso sim, daí esta ideia. Os meus primos, com quem morei nesta transição, fazem isso.

Leonor: Nunca me disseste.

Leonel: Nunca falámos disso...

Luana: Olhem, por acaso é uma tendência que vejo cada vez mais, por muitos motivos: perturbações do sono, ritmos diferentes, questões com bebés e crianças pequenas em que os pais fazem turnos de assistência, questões de saúde e até outras escolhas relacionais, mais associada à necessidade de privacidade de cada um.

Leonor: Mas é correto?

João: Isso não somos nós a decidir. Pode ser correto para vocês.

Leonel: Só tenho medo que isto nos distancie ainda mais, em termos de... de sexo. Já não andamos lá muito bem.

Leonor: Sim, mas isso é outra conversa, acho que não tem nada a ver com o dormir.

Luana: Isso é uma conversa importante, sim, mas sentem que está relacionado?

Leonel: Pois, se calhar não, acho que tem mais a ver com a fase que a Leonor está a passar.

Leonor: Certo, é verdade, mas também com o facto de já estarmos juntos há algum tempo e pronto. É natural... acontece a todos.

Leonel: Sim, até tinhas proposto abrirmos a relação, como a tua irmã Anita. Corre bem por aqueles lados.

Leonor: Pois corre e é interessante e não coloco isso de parte, mas essa proposta até foi meio a brincar. Meio (risos). Foi quando estávamos a falar sobre ter mais um filho. Nosso. Acho que temos os dois vontade. Mas a vontade não é tudo e percebemos que logisticamente seria um pesadelo. E agora ainda mais, aí é que não teríamos mesmo espaço nenhum.

Leonel: Falámos também em adotar. Na família da Leonor, isso foi uma boa experiência, com a Maria. Sempre era mais leve a parte da logística, se calhar. Um bebé é de uma intensidade...

Leonor: Sim, é uma ideia a que voltamos de vez em quando. Adotar pode mesmo acontecer daqui a uns tempos. Bebés, parece cada vez menos possível. E eu sinceramente tenho mesmo vontade, os meus ovários por vezes bem me gritam provocações, mas acho que não consigo lidar. Mais depressa abria a relação (risos).

Leonel: Bom, ambos são novos projetos conjugais, de facto!

Luana: E o que vocês gostam de novos projetos, não é? Certo, mas vamos endereçar isso mais tarde, agora vamos olhar para o projeto que temos em mãos, *OK*? Olhem, da minha experiência profissional não encontro nenhum problema com essa história de dormirem separados se isso responder às vossas necessidades.

Leonel: Assim podíamos ir dormir ao quarto um do outro de vez em quando.

Leonor: Isso era giro.

Luana: Parece-me que estão interessados em testar esta ideia. Conseguem, em termos de espaço?

Leonel: Sim, o escritório – até falámos disso esta semana – não é uma necessidade, cada um tem o seu local de trabalho e francamente aquilo que queremos é trabalhar o menos possível em casa. Isso até facilitava.

Leonor: Estou verdadeiramente a gostar desta ideia. Voltar a ter o meu espaço sem prescindir de todo do projeto familiar. E sem magoar o Leonel. Tu estás mesmo bem com isso.

Leonel: Estou mesmo. E as tuas noites, na fase que se avizinha, podem não ficar já espetaculares e assim podes estar mais confortável. E eu estou logo no quarto ao lado, podes-te vir embrulhar quando quiseres.

Leonor: Gosto disso. É tipo namorar outra vez, mas na nossa casa, na nossa família.

Luana: Parece-me que têm aqui um plano que vale mesmo a pena ser testado. A vivência do espaço físico tem mesmo muita importância para o casal, e estes limites somos nós que os temos de inventar. Podemos fazer diferente. Podem fazer diferente. Já fizeram tanta coisa diferente na vida, já romperam tantas barreiras para construir coisas maravilhosas, como esta relação e esta família... Não vai ser um pedaço de *pladur* que vos vai impedir de partirem mais barreiras ao vosso bem-estar e desenvolvimento. E tenho a certeza que não vai ser o último projeto deste casal...

Leonor: Estou muito contente agora. Estão a ver? Altos e baixos (risos), mas eu adoro planos!

Leonel: Adoras sonhá-los, eu adoro concretizá-los e este fim de semana já tenho projeto de bricolage, vamos a isso!

Luana: Antes de terminarmos, percebi que havia qualquer coisa com a rotina da residência alternada das vossas crianças. Estou certa?

Leonel: Vossas crianças... nunca tinha ouvido isso desta maneira. Sabe mesmo bem!

Leonor: Sim, normalmente dizemos só *"os filhos"* ou *"as crianças"*, mas sim, agora são mesmo os nossos filhos.

João: É bom ver a vossa identidade familiar a tomar forma. Qual tem sido a questão?

Leonel: A Leonor estava a stressar, mas é uma questão de semanas até isto ficar certo. Estávamos com os filhos desfasados, ou seja, na semana em que vinha o Leonardo, o Lucas ficava com a mãe e na semana em que o Leonardo ia para o pai, vinha o Lucas ficar connosco. Resultado: não tivemos nenhum dia sozinhos, os dois, nestas últimas semanas, estivemos sempre pelo menos com um filho. E já não estávamos habituados a ter crianças *full time*.

Leonor: Sim, o Leonel tem razão, foi de facto demasiado e pôs-me um bocadinho neste estado, a acumular com tudo, mas para a semana já vai ficar alinhado, teremos uma semana com os dois filhos e uma semana só para nós, em que as crianças estão com os seus respetivos pais. Vai, sem dúvida, ficar mais leve!

Leonel: Até me sinto mal de estar a dizer isto, mas, de facto, estar sempre com crianças leva uma parte significativa nossa, e como casal então…

Luana: Claro que sim, mais ainda com todas estas transições. Deixem a culpa no sítio dela, percebemos logo na primeira sessão que são excelentes pais e que os vossos miúdos estão a passar muitíssimo bem por esta transição, não só, mas também, porque vocês estão a investir muito para que esta transição lhes seja favorável. E está a funcionar, certo?

Leonel: Sim, e eles adoraram a ideia de estarem juntos na semana que estão connosco, dão-se super bem, tirando os atritos normal.

Leonor: São um máximo juntos.

João: Temos a certeza que sim. E se calhar até vão agradecer terem pais a dormir em quartos separados, ficam com pais mais bem dispostos, e isso, já é mais de metade do que os miúdos em geral precisam.

Leonel: Mãos à obra!

AÇÃO DIRETA:

Afeto vs. Estrutura:

Na parentalidade em geral e nas famílias recompostas em particular, é importante ressalvar que o afeto autêntico e a sua expressão terão forçosamente que preceder quaisquer tentativas de estrutura, ou seja, um padrasto ou madrasta não terá vida fácil se tentar impor regras, limites rígidos ou até algumas gestões comportamentais mais punitivas antes de ter uma relação afetiva estabelecida com os enteados. Assim, desenvolver atividades conjuntas que reforcem a diversão, a comunicação leve e a interação positiva são os alicerces de um apego crescente que poderá, apenas a posteriori, comportar uma imposição mais intensa de disciplina, controlo ou estrutura. Caso contrário, é de esperar as normativas reações do género: *"Não és meu pai, por isso não mandas em mim"*. A evitar. A incorporação de uma rotina com significado especial para toda a família ou para um eixo em particular (madrasta-enteada), tal como um filme e um jantar especial às quintas-feiras, um passeio ao parque favorito aos sábados, ou algo *"só delas"*, pode ajudar a criar e a aprofundar esta sensaçao de presença, continuidade e afeto.

Residência alternada:

A prática da residência alternada entre dois pais, após separação ou divórcio é, neste momento, a regra geral, apesar de ser ainda frequente o denominado modelo clássico, ou seja, os filhos residirem sobretudo com um dos pais, normalmente a mãe, em casais de género diferente, e estarem com o pai num jantar ou numa tarde semanal e aos fins de semana quinzenalmente. A prática da residência alternada tende a favorecer as crianças, que assim veem preservado o vínculo com ambos os pais, exceção feita em alguns casos de alto conflito entre os pais, que podem comprometer as transições semanais. Embora a maior parte das famílias se decida por semanas alternadas, é importante sublinhar que há alternativas, particularmente relevantes para famílias com bebés ou filhos pequenos que necessitem de maior proximidade com ambos os pais, que residam perto ou que tenham outro tipo de necessidades. Um bom exemplo é o dos dias alternados, como o 2+2+3, onde os filhos residem com um dos pais segunda e terça, com o outro pai quarta e quinta e alternam os fins de semana. Este modelo permite algumas variações para melhor conciliar a vida familiar e laboral e destaca-se sobretudo porque permite uma rotina contínua para as crianças e pais, sem grandes alterações súbitas, ou seja, todas as semanas são iguais e previsíveis, ajudando também a que o tempo longe de cada um dos pais não seja uma semana inteira.

Identidade familiar:

Pode ser uma peça artística, um desenho, uma escultura, colagens, mas deve ser qualquer coisa que una a família à volta da pergunta: *"Quem somos nós, enquanto família?"*. Ou também, mais em modo *moodboard ou vision board*: *"O que queremos ser enquanto família?"*. Pode ainda ter o formato de álbum de família, um projeto mais a médio prazo que pode implicar fazer atividades específicas em conjunto que possam depois resultar em retratos com significado. Pode envolver – a ajudar a responder às perguntas acima – ir buscar inspiração aos avós, tios e família alargada ou até a antepassados que já não estão entre nós, mas que têm um significado especial para a família ou uma parte dela. Que podem ser até inspiracionais: uma avó que em tudo transbordava afeto, um tio que sabia sempre tudo sobre o Mundo ou um avô combatente anti-fascista.

ANITA & ALEX

Somos só queer*, não é assim tão complicado.*

Negociações de poder, desejo e cuidado numa não-monogamia consensual

O TEMA

É da maior importância sublinhar, logo à partida, que muito dos temas que marcam a estória deste casal não são um problema. O facto de fazer parte deste casal uma pessoa trans, não-binária, não é um problema. Nem o é a diferença de idades ou mesmo o tipo de relação (não-monogamia consensual). Como muitas vezes o preconceito também vive dentro dos consultórios, convém clarificar este ponto.

Pessoas não-binárias são pessoas que não se identificam com um binarismo de género que artificialmente nos divide apenas em homens ou mulheres[26]. Pessoas trans são pessoas com identidades e/ou expressões de género que diferem ou não se alinham inteiramente com o género que lhes foi socialmente atribuído ao sexo definido à nascença, podendo ser binárias ou não-binárias[27]. Apesar de uma maior proteção legal no que concerne aos seus direitos civis e acesso a serviços de saúde, as pessoas trans estão ainda sob o jugo de uma estrutura subjacente de controle social e do poder inerente às

---

26 - Dizemos que o género é uma construção social pois refere-se a um conjunto de expectativas, normas e papéis associados a ser homem ou mulher que variam entre culturas e ao longo dos tempos, enquanto o sexo é uma característica biológica, determinada por características anatómicas, genéticas e hormonais. Sabemos hoje, à medida que a ciência avança, particularmente a biologia, genética e também as ciências sociais, como a psicologia, sociologia e antropologia, que nem o sexo, nem o género são binários, já que abrangem uma ampla gama de possibilidades para além das duas "caixinhas", ou seja, não só o género está num espectro, como também as variações genéticas, anatómicas e hormonais associadas ao sexo potenciam uma grande diversidade de expressões.

27 - É importante referir que, à medida que sabemos mais sobre estes processos e à medida que a ciência avança, é natural que estas definições se vão adaptando a novas descobertas, interpretações e realidades. A definição aqui proposta é, por isso, forçosamente temporária, e foi inspirada por APA, (2015), Coleman et al. (2022) e Teixeira et al. (2021).

categorias de diagnóstico médico e psicológico, sendo os processos de afirmação de género frequentemente iatrogénicos, ou seja, perturbadores da saúde mental das pessoas trans, pela tendência, até eventualmente pouco intencionais de afastar a autoria da tomada de decisão da pessoa envolvida no processo de afirmação, aproximando a decisão/autorização da comunidade médica.

As relações que integram pessoas transgénero frequentemente são permeadas por alguns temas-chave (Gumby & Butler, 2022), como a experiência de estigma e discriminação, questões de poder ou privilégio entre parceires, (in)visibilidade, experiências de dissonância e disforia de género, assim como questões mais particulares relativas ao sexo e intimidade, e às crenças, significados e expectativas sobre o género e a sua performance. Tendo em conta os processos de afirmação de género (previamente designados por processos de transição), temas específicos relativos à transição e a perdas associadas podem também ser relevantes nestes casais. No entanto, são apenas isso: temáticas dentro do casal que se constituem como desafios dolorosos, oportunidades de desenvolvimento e todos os tons entre estes dois extremos. Para a terapia de casal nestas situações, pode também ser importante reequilibrar o foco entre os parceiros, pois frequentemente a experiência da pessoa trans pode ficar mais invisibilizada (pela singularidade da experiência de afirmação de género), mas simultaneamente ocupar um espaço desproporcional no casal, retirando visibilidade à outra pessoa.

A diferença de idades, por si só, também não é um problema. Grandes diferenças de idade não impossibilitam uma relação saudável, mas têm sempre um componente de poder relevante, por exemplo, devido às diferenças no capital acumulado, à experiência de vida relacional acumulada, ao acesso a uma variedade de experiências que podem facilmente desembocar em componentes manipulatórias. Há sempre esta questão de poder e é até difícil não ser preconceituoso em relação a estas diferenças. A sociedade ainda vê com muito mais naturalidade a relação entre uma mulher mais nova e um homem mais velho, ancorando-se em ideias patriarcais, muitas vezes reforçadas por uma ciência simplista que ignora camadas de complexidade. Por exemplo, a ideia que o as mulheres hetero procuram num parceiro é sobretudo estatuto, proteção e segurança, enquanto os homens hetero procuram numa parceira beleza e juventude. Já a relação entre uma mulher mais velha e um homem mais novo é vista como transgressiva, pois revela que muito provavelmente aqueles dois seres são multidimensionais. Ela, provavelmente, muito focada no prazer e satisfação sexual, algo visto como criminoso em mulheres mais velhas, e ele exibindo um formato de masculinidade mais diferenciado, consciente e pouco sexista. Anita, ~~apesar de~~[28] sendo mais velha, era gira que se fartava, com um estilo e uma segurança de quem sabe o chão que pisa e que não deve nada a ninguém, nem uma pele sem rugas, nem uma barriga sem estrias, nem um cabelo sem brancos.

Anita tinha uma abordagem bastante liberal às relações. Foi Anita que propôs, por exemplo, que alterassem a relação para uma configuração de não-monogamia ética ou consentida. Como disse Gloria Steinem, as mulheres ficam mais radicais com a idade e embora esta afirmação possa ser interpretada como paradoxalmente idadista, a histórica feminista acerta, tendo em conta a minha experiência de consultório, na forma como, em muitos casais de género diferente, são as mulheres que trazem para dentro da relação os movimentos de transformação.

As relações não-monogâmicas também não são um problema. As

---

28 - Esta rasura não é um lapso de edição. Se não queremos reproduzir ideias patriarcais e sexistas temos naturalmente de ter atenção à nossa linguagem, não para nos policiarmos ou censurarmos, mas para fazermos os possíveis para que a linguagem que usamos transmita de facto a narrativa que queremos passar. Se eu acho que mulheres mais velhas são muitas vezes incríveis, empoderadas e sexys, então a frase rasurada serve-me melhor. Se não o acho, se acho que isso é uma exceção à regra, então é bom que continue a utilizar a expressão "apesar de" pois assim, quem está à sua volta, já sabe com o que contar.

não-monogamias consentidas denominam configurações em que não há exclusividade, ou seja, definem-se como qualquer parceria relacional de cariz romântico, afetivo e/ou íntimo, entre adultos, que não mantenham a exclusividade sexual e/ou romântica, ancorada no consentimento informado e livre de todes os envolvides. Dimensões relacionais como o afeto, a atenção, as logísticas quotidianas e, claro, o prazer podem ser distribuídos. Podemos ter configurações mais abertas, eventualmente até próximas de uma anarquia relacional, onde não há uma hierarquia que priorize um parceiro em relação a outras relações (incluindo relações familiares e de amizade); até estruturas poliamorosas envolvendo estruturas relacionais com pessoas mais ou menos permanentes na vida sexual e afetiva dos parceires (tal como um trisal ou uma estrutura em V – duas pessoas que se relacionam com uma terceira mas não entre si); passando por estruturas mais monogamish, onde a tendência é francamente monogâmica mas de forma pontual existem encontros fora dessa estrutura[29].

Cada uma destas relações é regida por contratos, que podem ou não ser escritos, que no fundo elencam as regras sobre as quais o casal consente estar nesta relação, daí o termo *"consentida"*. Assume-se que são relações éticas por contraste a outras relações não-monogâmicas onde relações com terceiros se constituem através de infidelidades (não-monogamia não-consentida) e quebras no contrato, quase sempre implícito, mandatado e não negociado de exclusividade sexual (o mais frequente), mas também se distinguem de relações onde a estrutura patriarcal é marcadamente presente tais como as estruturas poligâmicas frequentes em algumas culturas e religiões, embora neste último caso teremos de ressalvar que a lente usada para fazer esta distinção está impregnada de um eurocentrismo e etnocentrismo que não nos permitem aceder à comple-

29 - As relações de não-monogamia consentida podem ainda incluir solo poli, poli egalitário (kitchen table poli), swing, relação livre, entre outras (Barker, 2018).

xidade dessas experiências, pois estamos a avaliar práticas culturais específicas com uma lente de outra cultura.

Os contratos explícitos nas relações não-monogâmicas consentidas respondem a questões relevantes para o casal, como por exemplo, com quem é que se podem relacionar e em que condições. Assim, também nas relações de não-monogamia consensual pode haver traição e infidelidade se as regras desse contrato forem quebradas.

Neste casal em particular, a escolha por uma relação não-monogâmica foi influenciada pelo medo e pela experiência em relações prévias, de aborrecimento sexual. O tédio sexual (a este propósito, sugiro ver Oliveira et al. (2021) e Oliveira (2023)) também conhecido como insatisfação sexual ou monotonia, é uma preocupação muito comum e difícil de endereçar pela sua multi-causalidade, ou seja, pode ser influenciado por fatores tão díspares como o cansaço, pressão laboral e financeira, insegurança na relação, demasiada ou insuficiente proximidade emocional, falta de informação, e sobretudo pela sua subjetividade, pois o que é *vanilla* para uns, pode ser muito *kinky* para outros, pese embora o aborrecimento ser visita frequente em ambos estes "*estilos*". É importante sublinhar que a satisfação sexual é subjetiva, interrelacionada com o desejo e excitação, e pode variar muito entre indivíduos e casais. O que funciona para uma pessoa, pode não funcionar para outra, e é crucial respeitar as preferências, limites e consentimento individuais em todas as experiências sexuais. Embora o evitamento do aborrecimento sexual seja um tema frequente nas pessoas que escolhem não-monogamias, não só estas relações não são necessariamente panaceias para o tédio sexual dentro do casal, como são muitas vezes escolhidas por uma miríade de outras razões pertinentes (autonomia corporal, diversidade de experiências relacionais e emocionais, desenvolvimento pessoal, gestão emocional, regulação da vinculação ou apego, calibração da diferenciação do *self* no casal, aumento de frequência sexual, entre muitas outras).

É ainda importante virar a lente, nestes casos, para nós – terapeutas – e ter em atenção a tendência, já comprovada[30], que os profissionais de saúde, particularmente da saúde mental, têm em patologizar algumas características destas relações. Ou seja, pessoas trans e também pessoas não-monogâmicas enfrentam estigmatização, estereótipos, preconceitos negativos e marginalização, tanto na sociedade dominante, quanto nos consultórios de profissionais de saúde e aconselhamento. Por exemplo, em relação às não-monogamias, os terapeutas tendem a sugerir que estes tipos de relação não são naturais, não funcionam ou decorrem de problemas de compromisso.

Por último, na terapia de casal ou familiar com pessoas trans e, vá, na vida em geral, é especialmente relevante ter atenção à linguagem, pois esta pode facilitar ou inibir a identidade e expressão de género. Torna-se especialmente relevante não assumir uma identidade de género com base na aparência ou na tipologia da relação, já que tal pode reforçar experiências e sentimentos de disforia de género, causando mal estar à pessoa cliente e afetar negativamente a relação e aliança terapêutica[31], o que é grave, porque uma parte muito significativa do sucesso do processo terapêutico é resultado dessa aliança. É também frequente que clientes pertencentes a minorias sexuais/ de género e relacionais reportem que se sentem obrigados a educar a pessoa terapeuta relativamente à sua identidade (pessoas trans) ou escolhas/orientação relacional (relação não-monogâmica). Devemos, todes, adquirir conhecimento e desenvolver competências específicas para estas temáticas, por forma a não sobrecarregar com mais este peso as pessoas que já lidam todos os dias com o estigma e suas consequências.

30 - Apesar de as relações não-monogâmicas serem já muito comuns (cerca de 20 % dos adultos em relação reportam estar numa não-monogamia consentida), uma em cada sete destas pessoas relatam discriminação por parte de profissionais de saúde mental, envolvendo julgamento negativo (48%) e patologização (38%), de acordo com Haupert et al., 2017; Witherspoon, 2018; Schechinger et al., 2018.

31 - A aliança terapêutica em psicoterapia refere-se ao à relação colaborativa, pautada pela confiança e motivação conjunta, entre terapeuta e cliente.

A ESTÓRIA

Um casal nunca é o que parece, farto-me de dizer isto a torto e direito, mas por vezes sou apanhada na curva. Anita (49 anos) e a Alex (31 anos), quando chegaram, pareciam tudo aquilo que não eram: um casal de mulheres. Evidentemente que foi este o meu primeiro, certamente não último, erro no processo terapêutico. A linguagem importa, pois ilustra, reflete e reproduz a forma como vemos a realidade. Daí que assumir o género das pessoas possa ser, ainda que frequentemente por desatenção ou inconsciência, um ato de invisibilização e violência. O *"como preferem que vos trate?"* é agora o ponto de partida das minhas consultas, assim como a inclusão dos meus próprios pronomes em diversos cenários. Também me pareceram ter uma relação calma. Duas pessoas algo aborrecidas, para ser simpática, vá. Ora, nada poderia estar mais longe da verdade: não só não eram um casal de duas mulheres, como eram um casal constituído por uma mulher e uma pessoa não-binária. Descobri assim que perguntei como gostavam de ser tratadas e Alex disse-me que gostava de usar todos os pronomes e se identificava como uma pessoa não-binária. Anita poderia ter dito algo mais simples – ser tratada como Anita –, mas logo me informou jocosamente que preferia ser tratada como Sua Alteza Real, Meritíssima e, em dias especialmente bons, Magnífica, como as senhoras reitoras. Logo percebi que estava perante um casal muito, mas mesmo muito especial.

Não se pode dizer que tenha sido um processo propriamente rápido. Alex tinha já perto de 21 anos quando começou a conseguir dar nomes a *"coisas"* que sentia e a dimensões de si próprio. Sempre soube – sempre sentiu – que não era um homem no sentido do que essa palavra lhe transmitia e não era só porque lhe subia uma náusea de cada vez que ouvia as típicas bocas nojentas dos seus colegas em relação às mulheres em geral, não era apenas essa performatividade do suposto macho alfa que o repulsava. Havia outra coisa. Havia algo na ocupação que fazia do seu corpo que não encaixava. Nunca tinha encaixado. Ou o mundo não deixava encaixar? Pois. Alex era o que se poderia considerar como uma pessoa normativamente bonita.

Embora tivesse tido, na adolescência, à laia de tirar teimas, algumas experiências com rapazes, gostava mesmo era de raparigas, de mulheres. E quando digo gostava, quero mesmo dizer que gostava muito, e de todos aqueles corpos, aquelas *corpas* (como agora lhe sabia bem dizer), mais ou menos redondas, mais ou menos cheias, mais ou menos rudes, mais ou menos angulares. Sempre a mais, nunca a menos, em toda a sua amplitude e amplidão de pele e peso. Gostava-as inteiras, das suas dimensões de frontalidade, da timidez, do pudor e da falta dele, da vulnerabilidade e do estoicismo. E aquela suavidade sempre a espreitar, da mais inibida com tudo por descobrir à mais empreendida sabe-tudo e pelo-na-venta. Eram C A S A e não, elu sabia que não tinha nada a ver com traumas e eventuais malfeitorias da sua mãezinha. Sua mãe não era santa nem puta e tinha sido exatamente aquilo que se quer de uma mãe: suficientemente boa[32]. Isso mesmo tinha tentado dizer àquele psicólogo no Hospital de Santa Maria que o estava simultaneamente a tentar convencer que o que sentia em relação ao seu corpo era a prova que gostava de homens e que isso em si era errado, um desvio. O psicólogo ainda lhe chegou a propor as abjetas

32 - A ideia de uma parentalidade suficientemente boa, conceito proposto por Winnicott, pediatra e psicanalista, nos anos 50, é a de que as crianças precisam apenas de pais que respondam, com um nível suficiente de investimento e eficácia, às necessidades dos filhos, não de pais que sejam perfeitos, que não falhem ou que não os deixem passar por frustrações. As imperfeições dos pais, desde que sejam consistentemente responsivos às necessidades dos filhos, não magoam o desenvolvimento das crianças, pelo contrário, promovem a autonomia, a reflexão e preparam-nas para um mundo imperfeito – embora com pessoais normalmente confiáveis. Por isso, nada de culpas se não estiverem sempre no vosso melhor na parentalidade, se não conseguirem ou não quiserem amentar em livre demanda, ou seja, de que forma for e se por vezes não se sentem mesmo disponíveis para lidar de forma super positiva com mais aquela birra (School of life, 2021).

terapias de conversão, mas Alex tinha vários amigues psicólogues e sabia reconhecer a má prática clínica flagrante , fugindo logo após a primeira consulta. Devia ter denunciado, sabe-o bem, mas não teve energia para passar por mais essa luta. A estranheza em relação ao seu corpo não era apenas orgânica e estética, mas certamente aparecia facilmente por aí. Em geral, gostava-se. Achava-se bonito, bonita e bonite, só não se sentia representado por aquela imagem. Ao longo da vida, tentou sempre não ficar muito focade nisso, tinha outras prioridades. Apaixonar-se, por exemplo, e isso ia às vezes quase que parecendo que compensava o desconforto que sentia. Salvava-o o sexo e a relação com Anita, tinha precisamente começado aí. Num embrulho voraz de onde nunca mais conseguiram sair, mesmo quando, ocasionalmente, estavam com outras pessoas.

Anita era una mulher livre, mas era-o a pulso. A sua sexualidade era vital, desde cedo sabia que era diferente a esse nível. Era mais. Era extra. Era fonte de prazer, de poder e infelizmente também de atenção desadequada por parte de homens, sempre os homens, tantos homens, todos os homens, #allmen. Na adolescência sentia-se livre, mas rapidamente chegaram os castigos a essa vivência mais solta da sexualidade. Recriminações sobre a sua reputação – que entidade estranha esta da reputação, tão pesada que quase se consegue tocar, ou ser por ela esmagada –, comentários sobre ser fácil, puta e todos os tentáculos a que o *slut-shaming*[33] tem direito. Depois, o *bullying* contemporâneo ao isolamento social – e o que isso custou, mas *"eles"* não conseguiram que Anita se sentisse culpada. *Sorry, not sorry.* Sa-

---

33 - *Slut-shaming* é o processo pelo qual, no sistema patriarcal, as mulheres e meninas continuam a ser constrangidas, insultadas ou denegridas pelas suas atitudes ou comportamento de carácter sexual ou sexualizado, reais ou extrapolados pelo preconceito. Resulta da estigmatização da sexualidade nas mulheres e torna-se mais frequente quanto estas quebram regras patriarcais e conservadoras, explicitas ou implícitas, sobre os papeis de género e sexuais (i.e.: "não devem andar com muito homens"; "Devem-se vestir com modéstia").

bia que estava certa: "*Como é que algo que sabia tão bem podia ser mau? Eu aprendi a ocupar esse espaço. Sim, tenho prazer! Sim, adoro isto. Sim, sinto-me inteira nas minhas fantasias e graças a deus nas minhas práticas também*". Para Anita, sexo não era opressão, era descoberta, era risco, era transformação, superação e renascimento. Sim, a cada orgasmo, a cada *flirt*, a cada encontro. Nas relações mais estáveis que tinha, o início era sempre igual, altamente apaixonada, desejo insaciável. Numa heterossexualidade pouco fluida, com muita pena sua. Eles sempre fascinados com ela e seus apetites. Mas poucos meses depois... tudo esmorecia, outras dimensões e papéis tomavam conta da relação, casas, contas, críticas, ciúmes, possessões, insatisfações, o desejo a ficar cada vez mais com menos espaço, preso numa sala esconsa onde mal se respirava, a rotina a instalar-se e ela a deixar de descobrir o novo, a deixar de se surpreender. E aí, sempre da mesma forma... começava a olhar para fora.

Alguns apetites voltavam e ela ia atrás deles, a ver se faziam renascer qualquer coisa na relação – normalmente no que considerava ser de resto uma excelente relação –, mas era sol de pouca dura. Nada feito. Chegava sempre tarde. O que ela queria era o prazer da descoberta do outro, de se arriscar a partes de si que não conhecia, de chegar a níveis de entrega emocional mais profundos, onde se podia permitir a estar vulnerável e num permanente caminho de espanto e prazer. Não conseguia tolerar essa tensão e os conflitos não tardavam a surgir, devoradores, intrincados, esgotantes. Todas as suas relações acabaram da mesma maneira, ela entediada de morte, *bored out of her fucking mind,* e frustrada, eles confusos, exaustos e com um desenvolvimento pessoal muito acima do que traziam no início da relação. Anita funcionava como um elevador de desenvolvimento nas suas relações e sentia-se injustiçada por isso.

Até se encontrarem, Anita e Alex. Aí, ambos sentiram que tinham finalmente chegado à casa que ainda não sabiam que pertenciam. Sentiram-na, imaginaram-na e contruíram-na.

Até os monstros acordarem outra vez, trazendo companhia.

A TERAPIA DE CASAL

Na terapia de casal, tal como noutras instâncias psicoterapêuticas, a elaboração do pedido dos clientes é importantíssima, normalmente acontece logo na primeira sessão ou ao longo das primeiras sessões e refere-se no fundo à primeira formulação do objetivo do processo terapêutico. No fundo, responde à questão: "*O que é que vocês querem deste processo?*" O pedido aqui não era claro mas a descrição de algumas problemáticas era: "*Temos uma relação incrível há cerca de 7 anos e já passámos por várias transformações, nomeadamente o processo de afirmação de género de Alex, a quem foi atribuído o sexo masculino, e um longo e muito animado processo de abertura de relação, pelo que vivemos agora numa relação não-monogâmica e, em cima disso, por vezes, ainda lidamos com algum estigma em relação à nossa diferença de idades*". Imediatamente, surgiram-me dois sinais de alerta.

A investigação científica sobre os processos terapêuticos diz-nos que estes temas, particularmente a afirmação de género e as não-monogamias consentidas são frequentemente patologizadas por profissionais de saúde, que facilmente atribuem a eventual disfuncionalidade, desadaptação ou sofrimentos pessoal e relacional a estas características e não a outras. Tal pode reforçar o estigma do qual estas pessoas são alvo e pode comprometer ou diminuir a eficácia da terapia, pois o terapeuta está mais preocupado com estes temas, que funcionam como uma cortina de fumo e não deixam ver outros temas mais merecedores de trabalho terapêutico pelo seu impacto na relação, independentemente do tipo de relação: comunicação, poder, controlo, limites e fronteiras, autonomia e intimidade, desejo, entre muitos outros.

Assim, curiosa e atenta, fiz-me ao caminho terapêutico que se abria à minha frente.

Sessão 4

Luana: Como estamos hoje?

Alex: Foi uma boa semana, pelo menos para mim. Consegui *"sair do armário"* para o irmão da Anita, o Nicolau, aquele que agora está separado da mulher, a Nazaré.

Luana: *OK*, uau, isso é... eu não sei o que isso é! Que tal? O que retirou dessa experiência?

Alex: Foi... relevante. O Nicolau é boa pessoa, mas... bom, não sei se é boa pessoa porque traiu a mulher incessantemente nos últimos tempos (revirar de olhos gigante), mas enfim, ele tem estado muito em baixo e nós de vez em quando damos algum apoio. Os homens sozinhos, já sabe como é, especialmente estes mais tradicionais e conservadores, ficam um bocado desamparados e deprimem depois das separações.

Luana: É verdade, os homens têm maior tendência a recasar-se ou a começarem a viver com alguém bem mais cedo do que as mulheres, na mesma situação, o fazem. Parece que tem a ver com a falta de rede de apoio, de amigos, de ligações afetivas significativas, tendem a investir pouco ao longo da vida nas relações de amizade e familiares... generalizando, claro.

Anita: Sim, vejo um bocado isso nele, mas é engraçado porque ele e Alex sempre se deram relativamente bem, mas eu sei que Alex está já muito escaldada em relação a pessoas que pareciam que iam reagir bem e depois foram desastrosas. É verdade. A agressão vem de onde menos se espera.

Luana: Curioso ter dito isso, pois eu estava precisamente a pensar que há muitos momentos na vossa relação em que Alex parece ter espinhos, como se não lhe pudessem tocar, ou uma ainda mais clara metáfora, como se não tivesse pele, como se estivesse em carne viva e até uma leve brisa lhe faz arder tudo. Já falámos disso, não foi?

Alex: Sim, sinto-me muitas vezes assim, mas não estou a perceber a ligação.

Luana: Pois, é natural, se estas coisas fossem explícitas, a sua desconstrução era mais fácil. Alex, no seu percurso de afirmação de género, por causa da transfobia, já foi tão traído, tão magoado, tão violentado e ainda por pessoa tão próximas, por pessoas de quem nunca esperaria mais do que aceitação e amor incondicional... que é mais que natural que o seu organismo tenha desenvolvido uma resposta de hiperativação para o proteger. Sempre alerta, sempre atenta, nunca se sabe de onde vem o perigo. O seu corpo tornou-se num excelente detetor de instabilidade, de qualquer pista ou sinal que possa indicar um potencial perigo para a sua integridade física e emocional. Faz-lhe sentido?

Anita: É que é sem tirar nem pôr.

Alex: Olha, Anita, acho inacreditável, se calhar esta pergunta é para mim, não achas? Podes mostrar alguma compaixão? Estou a ouvir uma coisa difícil, deixa-me pensar nisto em vez de já estares aí cheia de vontade de justificar tudo por causa deste *"diagnóstico"*.

Luana: Alex, não só tem toda a razão, como ao mesmo tempo está a revelar-nos, a mim e à Anita, mais um exemplo dessa hiperativação. É o que acabou de acontecer. E acho que é uma boa oportunidade para nos centrarmos nisso. Anita, quer tentar outra vez? O que é que gostava mesmo de dizer ao Alex e, também importante, de que forma? Gostava que se voltassem um para outre, e se olhassem nos olhos enquanto falam sobre isto.

Anita: (respira fundo) Epá, eu só estava a querer dizer que reconheço isso em ti. E que deve ser horrível, e que sim, explica muita coisa e não, não é culpa tua. Eu vejo isso. Eu sou testemunha do que tens passado. Das deceções. Das traições. Das agressões. Estive lá e não o posso sentir por ti, mas senti-te a receber todos esses impactos. E é muito difícil estar ao lado de uma pessoa que se está sempre a tentar levantar e continua a receber porrada do mundo. É frustrante e desesperante e eu nem estou nos teus sapatos. Nem imagino como deve ser para ti. Mas tento. Mas irrito-me, eu sei, e às vezes sou bruta.

Alex: É que é mesmo desesperante chegar a ti toda rebentada do que passei *"lá fora"* e não sentir um porto de abrigo. Sinto que continuo na mesma guerra lá de fora. Não na mesma, claro. Mas é como se estivesse tudo contra mim, ninguém que facilita a vida, podiam só facilitar um bocadinho, pá! Não peço muito!

Anita: Eu sei, meu amor. Queria muito que me sentisses um porto de abrigo. Mas eu não te consigo escudar de partes de mim que também são importantes. Eu sinto coisas dolorosas também e preciso de ti ao meu lado a aguentares-te à bronca também.

Alex: E sentes que não sou capaz, sou uma fraca por não aguentar. Um doentinho.

Anita: Não és nada fraca nem doente, és a pessoa mais forte que conheço. Tu já viste bem que lutas tens travado e a forma como enfrentas o mundo de peito aberto, mesmo quando só te chegam balas? Eu era absolutamente incapaz. Mas o que eu queria mesmo era que não tivesses de passar por isso. Dói-me tudo ao ver-te tão sofrida, sempre em guerra. Não mereces. Não merecemos.

Luana: E esta parte é mesmo importante, Alex. Era isso que lhe queria dizer e a Anita foi lá dar direitinha, mesmo este *"diagnóstico"* que fiz agora, este rótulo que coloquei, é importante perceber que eu não o coloquei a si. Não é um diagnóstico individual. O problema não é seu. O seu organismo apenas está a reagir, de forma inteligente, adaptativa e funcional, às agressões externas a que está constantemente a ser exposta.

Alex: É isso! É isso! E é por isso que sempre que ouço aquela coisa do *"És uma guerreira"* me apetece só vomitar. Não quero ser guerreira. Posso só existir?!

Luana: Alex. Só posso imaginar que isto seja muito duro de ouvir, mas... não. O sistema onde estamos inseridos diz-lhe sistematicamente que não, e, no entanto, aqui está a Alex, com a sua mulher, e a sua terapeuta, a lidar com um mundo que não a aceita e a desenvolver recursos, nichos e redes que não só a aceitam como a elevam. Mas não é tudo cor-de-rosa e a sua ansiedade não a deixa esquecer disso. Esse sintoma é seu, mas a *"doença"*, a patologia, não é sua, é social e chama-se transfobia.

Alex: Uf...! Que cena. É isso. Sinto-me mais leve e mais pesada ao mesmo tempo (risos).

Luana: Alex, o que é que gostava de dizer à Anita sobre isto?

Alex: (sorrindo) Que olha, amo-te e é lidar!

Anita: Estou cá. Vou estar cá. Mas preciso de continuar a crescer cá dentro. E para isso preciso de não ser sempre eu o porto seguro. Preciso que às vezes tu também sejas. Preciso de também eu me desmontar um bocadinho e de ser caótica e de não saber o que fazer. Preciso de me sentir mais livre, não de ti, não livre de ti, mas se calhar menos centrada em ti. Porque tudo parece ser sempre uma emergência.

Alex: A Anita tem razão. Esta parte da relação é muito desigual. Eu sei disso.

Luana: Que consequências é que tem para a vossa relação?

Anita: (silêncio)

Alex: Eu acho que é a sexualidade. A parte mais do desejo, por parte da Anita. O meu desejo está sempre em cima. Sempre esteve.

Luana: Até podia ser o caso de lhe dar os parabéns por isso, Alex, mas ter o desejo sempre em cima forçosamente significa que alguém o vai ter em baixo e isso não deixa ninguém contente, certo?

Anita: Toma lá que já almoçaste! Bem dito, Doutora!

Alex: Mas é verdade, amora!

Luana: Foi um dos temas que vos trouxe aqui, de resto. Ainda não aprofundámos muito. Já percebi que Alex tem *"mais desejo"* que Anita, mas contem-me uma coisa, são desejos diferentes? Conseguem identificar?

Anita: Sim, completamente. Alex está sempre pronte e eu preciso de... ingredientes extra!

Alex: Não estou sempre pronta. Não tenho interruptores. Às vezes, tenho quebras.

Anita: Certo, mas isso é dos nervos ou quando estás muito cansada. Acho que estás sempre virado para esse lado mesmo que às vezes estejas mais... instável (sorri carinhosamente).

Alex: É o que há!

Luana: Já percebi que vocês são os melhores do mundo a lidar com essas variações de performance, maravilha, isso é um win, parabéns às duas. Foi sempre assim?

Alex: Por acaso, com a Anita foi. Antes sentia-me mal com estas... variações, como lhe chama, mas a Anita sempre reagiu de uma forma tão natural que começou só a ser uma parte do processo. Não é um problema.

Luana: Se não é um problema, não precisa de solução. Então? O que está a ser um problema?

Alex: Pois, é esta questão do desejo da Anita, que eu acho que está a diminuir muito e facilmente me sinto rejeitado.

Luana: *OK* e a Anita concorda com esse *"diagnóstico"* de Alex?

Anita: Por acaso, concordo, esta diferença, esta discrepância de desejo que falou há pouco, é chata. Ficamos em sítios diferentes. E eu não gosto de o rejeitar. E depois há ciúmes, claro, por que eu estou com outras pessoas. Outros homens.

Alex: Outros homens, não, homens, Ana.

Anita: Certíssimo, homens.

Alex: Ainda em relação à sua pergunta, dos tipos de desejo. Eu sinto que o meu é mais estável, mais constante, ou seja, eu, em geral... quero devorar a Anita (risos). Em geral, na vida, sempre. Ela não, precisa de um determinado tipo de ambiente, qualquer coisa fora da rotina, uma saída, uma cena fora, algo mais *kinky*.

Luana: A Anita precisa de transgressão, é isso?

Anita: Na mouche. Transgressão.

Luana: Quero saber mais sobre isso, como calcula!

Anita: Sim, nós levamos a nossa vida do dia-a-dia, que convenhamos, é muito pouco rotineira, mas nós estamos muito juntos, contamos muita coisa, e há sempre esta sensação que estou a dever alguma coisa.

Alex: Como assim?

Anita: Não quero que me interpretes mal, Alex. Mas muito do nosso tempo, da nossa relação, é passado à volta das tuas... vivências, muitas delas dolorosas, nesta luta constante de afirmação e a levares com o estigma todo. E estamos sempre a lidar com isso e sempre a desconstruir isso e não é culpa tua, não é mesmo, mas... fica pesado. E há uma leveza que eu hoje em dia consigo mais facilmente fora da relação ou então em momentos em que estamos as duas... a fazer algo novo, pela primeira vez... leves. Não sei explicar bem.

Alex: Isso não me faz sentir muito bem...

Luana: Naturalmente que não, Alex. É duro de ouvir. Mas eu sinto que a Anita está a ser muito clara, não diz que este peso vem de si, mas da forma como vocês as duas, como casal, como plataforma de luta, como equipa criativa, lidam constantemente com coisas muito duras. E ainda bem que assim é, o apoio é providencial, a confiança que têm, a intimidade emocional que daí é gerada é excecional e eu fico derretida a ver como se apoiam. E com todo o amor que aí está.

(Alex e Anita dão as mãos)

Luana: Mas o desejo é qualquer coisa de muito particular, não segue grandes regras, aliás detesta regras, é mal-comportado e subversivo. E precisa sobretudo de leveza, de descoberta de... transgressão. Como vos disse logo no início, felizmente, vocês não são gémeos e também não o são no desejo.

Anita: Mas quero mesmo sublinhar uma coisa. O facto de ser mais fácil estar com outras pessoas não torna essas experiências sequer comparáveis aos nossos momentos. O nosso *"calibre"* erótico é muito superior, tudo é muito mais... transcendente e intenso.

Luana: Exato, é o desejo mais espontâneo que é facilitado com outras pessoas, certo?

Anita: Sim, são coisas mais rápidas, mais momentâneas, depois nem penso muito, fica ali no momento.

Luana: E do que percebo, isso não tem sido um problema, mas sim uma solução, certo, Alex?

Alex: Sim, sinceramente eu acho que este esquema está muito bem montado. Enriquece a nossa relação. Faz-me sentido. Só queria é ter um bocadinho mais... mais Anita. Anita de cama (sorri). E sim, não posso esconder que também me deixa um bocadinho insegura, mais em termos de corpo e atração.

Anita: Mas eu acho que és o ser mais delicioso do planeta.

Alex: Da galáxia, queres tu dizer.

Anita: Obviamente, foi um lapso. Do universo e mais além.

Alex: Naturalmente (risos).

(silêncio)

Luana: Corpo.

Alex: Pois... (suspira)

Luana: O que é que os seus monstros lhe sussurram ao ouvido quando pensa nessa parte?

Alex: Que não sou suficiente. Que nunca vou ser. Que ela fica a perder em estar comigo.

Anita: Alex... isso é tão longe da verdade!

Luana: A verdade é sempre muito pessoal, não é? As histórias que nós nos vamos contando sobre nós próprios e sobre as nossas experiências, tornam-se na narrativa interna com que vivemos e isso é a nossa realidade... Alex, consegue perceber quando é que esses monstros falam mais alto? Quando é que eles lhe berram e ficam insuportáveis?

Alex: Quando me sinto em baixo. Quando não a sinto próxima. Não é necessariamente sempre que ela está com outras pessoas, porque isso já aconteceu em bom, é quando o processo é muito rápido e eu não me sinto preparado ou quando não estamos muito conectados e acontece.

Anita: Mas foi o que combinámos, que não temos de avisar o outro sempre e às vezes sinto-me insegura em relação à tua reação. Aí prefiro só contar depois. Acho que pode facilitar.

Luana: Vamos só parar aqui um bocadinho que acho que nos escapou algo muito importante. Anita, relativamente ao que Alex disse agora… consegue detetar ali algum pedido?

Anita: Hum… já não me lembro…

Luana: O que quer fazer em relação a isso?

Anita: Então… Alex podes repetir? Acho que me escapou qualquer coisa, sim. Sei que está lá, mas não consigo aceder.

Alex: Eu gosto que tu estejas com outras pessoas, não há um *"mas"*. Mas (risos), agora que estou a pensar nesta cena de quando é que "os monstros" falam mais alto… isso de facto acontece quando eu sou um bocado apanhada de surpresa, quando estou a sentir a tua falta e depois percebo que estiveste com outra pessoa, ou quando acho que não estamos fixes e vais estar com outra pessoa.

Anita: Então, mas o que é que queres fazer?

Luana: Anita.

Anita: Certo. *OK*, eu estou a perceber que a forma como as minhas *"saídas"* estão a acontecer não está a ser fixe. Está a tornar-te mais insegura. E com medos. E com cenas em relação ao teu corpo.

Alex: Estas cenas em relação ao meu corpo não são daqui, Anita, são minhas, mas uns monstros a ladrar acordam outros, deve ser assim que funciona…

Luana: Sim, estas coisas depois espalham-se e contaminam outros temas que inicialmente nem eram relevantes na relação. Mas, Anita, estava a dizer?

Anita: Alex, ouço-te. E acho que tens razão, acho que temos, ou tenho, passado um bocado entre os pingos da chuva ao não enfrentar isto. Acho que já tinha sentido antes mas tinha medo de... não sei, de trazer o assunto para cima da mesa.

Luana: Que bom que consegue alinhar neste caminho, Anita, isso é corajoso. Sei que este contrato de não exclusividade é muito importante para si e sei também que fica ansiosa quando o sente ameaçado. Não me parece que seja esse o pedido de Alex.

Alex: Não é, não. Não quero voltar para a monogamia, deus me livre e guarde que já dei para esse peditório e fui roubada. Não precisamos aí de uma grande mudança, não quero ficar dono do corpo da Anita, gosto-a assim, livre e solta. E feliz!

Anita: Pois, mas não estou feliz assim. Quero-te seguro e inteiro, senão aquela questão do cuidar de ti aumenta muito de volume. Começam outros monstros a ladrar. O que achas que precisas? É de prepararmos melhor as minhas saídas?

Alex: Sim, acho que isso ajuda. Alguns dias antes, fazermos uma espécie de *check-in* um com o outro e vermos se há alguma coisa que precisamos de resolver antes de tu ires. Uns abracinhos, uns mimos ou... a porcaria da reserva para as férias!!

Anita: Ai, foda-se esqueci-me outra vez, desculpa!!! Fiquei de marcar as férias e ainda não consegui, *sorry!*

Alex: *Fineee*. Mas, pronto, é isso.

Luana: Hum, *OK*, vejam lá se é mais ou menos isto: Alex está basicamente a dizer que precisa de duas coisas para se sentir confortável imediatamente antes das saídas da Anita: intimidade e compromisso. Intimidade emocional, no sentido de se sentir próxima e conectada, sem ruídos na comunicação. Ver a Anita, senti-la presente e sentir-se vista. E compromisso no sentido de se sentir parte de algo maior, com objetivos e planos comuns. E interessantes, planos muito mais interessantes do que qualquer date que a Anita tenha nessa semana.

Alex: É isso. É mesmo isso, quase como sentir a plataforma segura antes de alguém ir dar um mergulho lá fora. Se a plataforma não está segura, fica tudo assim... tremido.

Luana: E os monstros não gostam de tremores, pois não?

Alex: São umas cabras, essas monstras.

Anita: Mas nós somos mais, amor. *Let's give them hell.*

Luana: Tenho a certeza que vocês vão-lhes dar luta, não sabem com quem se meteram, essas monstras. Apliquem, nestas semanas, o que combinaram aqui hoje e vamos ver se isso é trela suficiente para os bichos. Anita e Alex, fizeram aqui hoje um excelente trabalho.

Sessão 9

Anita: Ai, estivemos tão bem nestes meses e agora voltou a estar complicado.

Luana: Estiveram mais que muito bem. Avançaram imenso. Não são as mesmas pessoas que me entraram por aqui a dentro há meio ano. É o desejo?

Alex: Sem surpresas... é.

Anita: Voltou cá para baixo. Dentro da relação.

Luana: Bom, antes de mais, dizer-vos que o desejo é mesmo assim, tem altos e baixos, como diz Ester Perel no seu livro[34],

34 - Na versão portuguesa, "Amor e desejo na relação conjugal" (2008)

"os bons casais não são aqueles que têm o desejo sempre em altas, são os que sabem que o desejo é como a lua, tem eclipses intermitentes". E lá por ser normal, não quer dizer que seja fácil de lidar, *OK*? Como é que vocês estão a lidar com isso?

Alex: Eu por acaso sinto que até já estamos a recuperar um bocadinho. Aquela conversa que tivemos aqui sobre não fugir do que mais assusta, sobre enfrentar e aguentar a tensão do que é ambivalente, acho que nos tem ajudado a, por exemplo, trazer mais para dentro da relação algumas coisas que se calhar até agora só era confortável fazer com pessoas *"extra"*, pessoas que não conhecemos.

Luana: Pessoas com quem não têm nada a perder, certo? Onde sentem que podem ser quem quiserem.

Anita: Mas é mesmo esse o ponto. Porque não trazer parte disso para dentro? Arriscar mais um pouco cá dentro. Mesmo se há tensão. Tensão também pode ser… tesão.

Luana: Ó se pode...

Alex: Mas é mesmo difícil. Não lhe chamaria tanto tensão… é mais como se me fizessem cócegas cá dentro, numa parte de mim que é mesmo muito interior, está-me aqui nas entranhas… Até estou nervoso só de falar disto (risos).

Anita: Mas é um nervoso fixe, não é? Por exemplo, como aquela cena que fizemos no outro dia, que não fazíamos desde há mil anos – no momento do orgasmo, estarmos a olhar fixamente uma para a outra.

Alex: Isso foi incrível. Pois, se calhar estamos mais assustados com os problemas de desejo do que propriamente com problemas do desejo.

Luana: É curiosa esta história do orgasmo a olhar nos olhos do parceiro. É paradigmático em relação a muitas das coisas que vamos aqui trabalhando. É ver o outro inteiro, sem máscaras, é quase como mostrar partes que são só nossas partes quase… egoístas.

Anita: Sim, arrogarmo-nos ao direito de fazer isso. Acho que quero mais disso.

Alex: E eu tenho aqui umas ideias que gostava de trazer também para o nosso mundo erótico. Alguns *kinks* que vivem só no meu "*quintal*". Acho que algumas destas gostaria de partilhar num quintal… comum.

Luana: A privacidade é muito importante num casal, manter alguma privacidade erótica, mas a parte gira é precisamente arriscar, é essa a palavra, arriscar partilhar algumas dessas partes mais escondidas. Trazer para o quintal…

Anita: E fazer uma festa!

Luana: Precisamente. Porque o erotismo tem muito do brincar: a liberdade, a autenticidade, o prazer de um egoísmo saudável, porque é também uma oferta ao outro. De parte de nós. Anita, em relação a estas "*baixas*" do desejo, nas suas relações anteriores, foi semelhante?

Anita: Sabe que eu já vou reconhecendo um padrão. Nas minhas relações anteriores, assim que o desejo começava a diminuir, eu sentia-me logo mal. Como se fosse o termómetro da relação.

Luana: E é um termómetro, mas sobretudo dele próprio, do desejo. Nem sempre da qualidade da relação ou da intimidade emocional… Sente isso?

Anita: Sim, mas é sempre assustador. Começa-me logo aqui um crepitar ansioso, começo a projetar no outro e a achar que se calhar também ele já não me deseja assim tanto e pronto se calhar o melhor já passou e agora é sempre a descer. Fico com ciúmes, logo a imaginar que afinal é ele que quer estar com outras pessoas. E está, não é essa a questão. Nunca foi.

Luana: Alex, como gerem estas tensões do desejo no vosso modelo de relação não-monogâmica?

Alex: É complicado, mas também não sei se seria mais simples se estivéssemos numa relação fechada, pois aí o interesse por outra pessoa exclui automaticamente a Ana. Aqui sempre houve algum nível de interesse ocasional por outras pessoas e não sinto que prejudique esta parte do desejo sexual.

Anita: Sim, é uma coisa diferente, é mais um *side-kick*. Faz parte. É quase higiénico. Senão, pronto, lá estou eu pela milionésima vez, cá estou eu a ter a mesma, exatamente a mesma sensação de que ele *"não gosta tanto de mim como eu dele"*. É parvo, eu sei, mas resume-se a isto. E em todas as minhas relações senti o mesmo. E trair acabava por resolver um bocado esta parte... sentia-me em controlo, valorizada. Poderosa outra vez. Até voltar a casa encharcada em culpa.

Luana: E o que é que essa culpa lhe dizia ao ouvido?

Anita: Que era péssima. Má como as cobras. Não podes fazer isto. Não podes ser autêntica. Não podes andar com duas pessoas ao mesmo tempo. Não podes estar apaixonada por duas pessoas...

Luana: Isso é mentira, não é?

Anita: Completamente. Sei bem o que é estar apaixonada e já o estive por várias pessoas ao mesmo tempo.

Luana: Alex, como vê isto?

Alex: Por mim, é normal, só não percebo porque é que ela se sente tão aflita com isto. A Anita acha que nunca é suficiente. É sempre imperfeita.

Luana: E tem razão. Somos todes. Sempre foi assim, Anita?

Anita: Sempre. A cada início de relação, eu relembrava-me que por melhor que fosse, ia eventualmente querer estar com outras pessoas e isso não seria porque necessariamente queria deixar o meu parceiro, mas porque me queria ver de uma forma um bocadinho diferente do que me via naquela relação. Nem melhor, nem pior. Só diferente. Em cada *"caso novo"*, era como se criasse uma identidade ligeiramente diferente, uma parte um bocadinho diferente de mim que não estava a aparecer na relação. Epá, e eu tenho dificuldades em achar que isso tem algo de errado.

Luana: Por si só, não tem nada de errado, não. Diria que é praticamente impossível termos sempre todas as nossas partes ligadas na relação, à vista.

Alex: Mas daquela vez... lembras-te? Funcionou tao bem!

Luana: O que é que acham que fizeram para ter corrido tão bem dessa vez?

Alex: Eu acho que estávamos numa fase muito boa, muito próxima. E o que aconteceu foi só simples. Limpinho. Não deixou restos... senti-me muito amada, francamente. Acho que foi isso.

Anita: Nessa noite, vinha fisgada em estar com Alex de uma forma muito inteira, eu própria muito inteira. Cheguei a casa, abri uma garrafa de vinho, preparei mentalmente *"A"* conversa. Ela chegou. Depois de uns bons abraços de genuína saudade, disse-lhe: *"Olha, conheci uma pessoa interessante no voo de Milão para cá"*.

Alex: E eu desatei-me logo a rir. *"Ai mulher, tu e os aviões, mulher, credo, é uma vida toda sempre num voo.!"* Lembro-me que a Anita se sentou a meu lado, agarrou-me assim bem no pescoço com as duas mãos, e deu-me um beijo assim dos bons, demorado. Quente. Devagar. Relaxei imediatamente.

Anita: E contei-lhe brevemente que tinha sido rápido, intenso, bom e sobretudo seguro. Por acaso, lembrei-me agora, nem vais acreditar, mas ele trabalhava em seguros.

Alex: Em seguros, amor?! Francamente, não tarda vai um advogado, ou um consultor imobiliário, credo, que mau gosto!

Anita: É verdade. Mas juro que não parecia nada – magro, alto, todo vestido de preto, de cabeça aos pés, achei que era filósofo, *gamer* ou psicoterapeuta.

Luana: Certo (risos).

Alex: Bom ainda bem que te divertiste (risos) e que voltaste convencida do quão espetacular és e eu cá, embevecida.

Anita: Espetacular somos nós, e se a Doutora não estivesse aqui, não estás bem a ver o que é que eu te fazia agora.

Luana: Parece-me uma ótima altura para terminar esta sessão. Obrigada por me fazerem sentir a mais, quer dizer que estamos a cumprir o nosso trabalho.

Mas como é que isto acaba?

Alex e Anita desafiam vários estereótipos e ideias preconcebidas. A forma como a identidade de género, sendo parte deste casal, não é necessariamente problematizada como central à sua identidade de casal, é muito interessante e serve de aviso à forma como muitas vezes patologizamos – nós, os técnicos de saúde mental e a sociedade em geral – variações da norma vigente que são absolutamente normais, tanto no sentido da sua estrutura, como do funcionamento. Neste sentido, Anita e Alex são um casal normal pois as temáticas que trazem para a terapia – desejo sexual, exclusividade, intimidade – são as mesmas de muitos casais. Mesmo na sua não normatividade em relação à exclusividade, porque efetivamente se decidiram por um modelo de monogamia consentida, os seus temas vão dar a tantos outros, comuns nas relações exclusivas: confiança, comunicação, conexão.

A ideia de centralizar os afetos numa só pessoa é desafiada pela não-monogamia consentida, mas não só. Cada vez mais, mesmo nas relações com exclusividade sexual e emocional, há uma tendência para os parceiros terem consciência de que existem sempre Outros. Pessoas mais ou menos paralelas que podem despertar algum interesse pouco ou nada passageiro, o que não implica necessariamente fazer alguma coisa acerca disso. Podem ser pessoas com que nos divertimos à brava num jantar e depois nada acontece sem ser a memória de que naquelas horas estivemos com uma parte de nós com quem já não estávamos há algum tempo e tal pode até servir de lembrete – vamos ver de que forma conseguimos ocupar mais esta parte de nós, servir como mais um caminho para a nossa autenticidade do que um caminho para um terceiro erótico. Ou podem ser pessoas de quem gostamos genuinamente e sim, também pessoas por quem às vezes temos um *crush*, com ou sem flirt. Daqueles que duram de uma semana à vida toda. Como este casal que, da última vez que os vi, continuavam a brincar num parque de diversões só deles.

AÇÃO DIRETA

Quarto/caixa *Kink*:

Uma simples caixa (com cadeado, pois é algo privado) recheada de utensílios, ferramentas e ingredientes para elevar o prazer, pode ser o resultado de todo um caminho de descoberta do casal. Não quero aqui dizer que têm de partilhar tudo, a privacidade erótica é crucial para continuarmos a ver o Outro como alguém inteiro e que existe para além da relação, mas o processo de simplesmente conjeturar cenários (uma tarde de *shibari*, um serão de pornografia – preferencialmente ética! – experimentar texturas e materiais, antecipar estreias de novos parceiros eletrónicos) em conjunto, pode ser o tipo de preliminares que estão mesmo a precisar, recheados de antecipação e imaginação, enzimas-maravilha do desejo. Como alternativa para bolsos mais recheados, nada como construir um quarto exclusivamente dedicado ao prazer. Se houver essa possibilidade, há muitas ideias online e vale bem a pena. Convém é mudar o *décor* frequentemente, ninguém quer brincar sempre no mesmo jardim. Mas há jardins maravilhosos. Vá, entendam-se.

Reorganizar territórios:

O contrato da relação é importante, particularmente nas relações não-monogâmicas, mas não só, pois essa negociação entre os parceiros permite que efetivamente possam consentir os caminhos que são permitidos na relação. Devem-se questionar sobre:

- O envolvimento a que se autorizam fora da relação (isto é: apenas sexual; com ou sem envolvimento amoroso/romântico mais profundo; apenas encontros pontuais; procura de relações mais estáveis no tempo);
- O enquadramento ou tipologia da relação, se tal for aplicável,

já que as relações não precisam de um rótulo para existir, no entanto, pode ajudar a definir limites e expectativas: relação aberta, configuração poliamorosa, trisal, anarquia relacional, entre outros.

- Quais a rotinas de comunicação e/ou os rituais de conexão? É de extrema importância discutir de que forma é que vão trabalhar para que outros envolvimentos não contribuam para o stress e tensão na relação, mas sim para o seu florescimento. Podem criar rotinas para antes e depois de encontros fora da relação para falar sobre emoções, sentimentos ou dúvidas, criar rituais de conexão que aumentem a intimidade emocional ou simplesmente garantir um espaço de acolhimento para lidar com ciúmes, inseguranças e outros sentimentos que possam surgir.
- Com quem se podem relacionar amorosa ou sexualmente fora da relação? Isto é, apenas pessoas com quem ainda não tenham tido relações significativas (têm de definir significativo...)? Pessoas que não corram o risco de encontrar com frequência, possibilidade de veto (que pode ser problemático, já que levanta questões de autonomia corporal, poder e consentimento)? Colegas de trabalho e amizades próximas, pessoas de um género específico?
- Como é que se vão relacionar com outras pessoas? Isto é, há atividades – sexuais ou outras – que vão ser apenas dos dois? Existe uma hierarquia e, caso haja, ela é clara para todes os envolvides?
- Como gerir o tempo e disponibilidade? É importante discutir as expectativas relativas ao tempo e disponibilidade alocadas a cada pessoa envolvida, incluindo a resposta às necessidades emocionais e físicas de parceires e de que forma tal se coaduna com a hierarquia relacional, se houver.
- Em que situações é que tal é permissível? Isto é, só avisando

antes? Só pessoas fora da cidade? Do bairro? Quais os prazos para revelar? Previamente ao encontro? Imediatamente depois? Em que estado de equilíbrio e satisfação deve relação primária estar para haver estes encontros?

- Como vai ser gerida a informação relativamente à privacidade individual e do casal? Isto é, vão assumir para amigos e família estas decisões? Falam do parceire com terceiros? Contam detalhes sobre o que aconteceu?
- Como vão proteger a saúde sexual individual e do casal? Isto é, que métodos de proteção vão ser utilizados e em que situações? Qual a frequência de testagens a infecções sexualmente transmitidas?
- De que forma vão reavaliar estas questões? As necessidades e vontades das pessoas mudam ao longo do tempo e pode ser necessário fazer ajustes, o contrato não deve ser escrito em pedra, mas sim organizado num acordo temporário, renovado ciclicamente, com ou sem alterações.

Para além dos genitais:

Reduzir o foco genital dos momentos eróticos é uma abordagem que pode ser importante, tanto para pessoas trans, como para pessoas cis e em geral beneficia toda a gente. A nossa expressão sexual é ainda ditada pelo falocentrismo, uma ideologia que coloca o pénis como o alfa e o ómega da sexualidade, fazendo com que o sexo seja muitas vezes visto como simplesmente um ato de penetração que termina aquando da ejaculação masculina. Esta perspetiva não só é limitada porque exclui as relações não heterocisnormativas (relações entre mulheres, relações com pessoas trans que pelo processo de afirmação de género podem ou não ter capacidade de ereção), como afeta negativamente, mesmo nas relações heteronormativas, o prazer e a satisfação sexual das pessoas envolvidas, especialmente das mulheres e das pessoas trans, limitando a capacidade e diversidade de todes os envolvides. Afastar o foco dos genitais aumenta o foco sensorial e emocional, ajudando a explorar diferentes formas de prazer e intimidade, reduzindo a pressão e a ansiedade em torno da performance sexual. Existem várias atividades para aumentar esta capacidade erótica: estimulação corporal através de massagens eróticas, com foco em partes específicas do corpo que não os genitais; técnicas de respiração e meditação que ajudem a focar nas sensações corporais; utilizar brinquedos sexuais de forma não-genital, ajudando a estimular diferentes partes do corpo e a proporcionar novas sensações; foco na conexão emocional e toque consciente, técnicas sexuais específicas, como o *fisting* suave (estimulação da vulva ou do ânus com a mão, sem penetração); penetração inguinal (envolve esfregar os genitais contra a coxa, virilha ou canais inguinais), tribadismo, massagem da próstata, entre muitas outras.

O egoísmo erótico pode ser uma coisa boa:

Estamos treinados para ver o erotismo fora de nós. Algo acontece *"lá fora"* e o nosso corpo responde. Um toque do parceiro, aquele cheiro dela ou um clássico e sempre fiável porno[35]. Se for algo que funciona, ninguém tem nada com isso, mas é um posicionamento algo redutor. A pergunta mais interessante será sempre:

35 - Não há nada de errado com o uso de pornografia, apesar de muitos anos de investigação ainda não há consenso científico sobre os supostos malefícios da pornografia. Naturalmente que a clássica pornografia comercial é feita por e para homens, pelo que reforça estereótipos misóginos e expectativas irrealistas em relação a corpos, pelos e tipos de atividade sexual, objetificando as mulheres e descentralizando o seu papel e prazer. Muitas destas questões são ultrapassadas nos recentes movimentos de pornografia ética, onde existe uma representação mais diversa da sexualidade, identidades, corpos e práticas, assim como a centralização do prazer das mulheres, a importância do consentimento e a adequada remuneração e segurança des performers.

"Como é que eu me coloco num estado mais erótico? Como é que eu faço crescer o meu desejo? Que coisas posso eu fazer (ou sentir, ver, experienciar) para ficar mais excitada?" Algumas respostas comuns que costumo ver no consultório, e que também surgiram numa investigação com casais portugueses sobre desejo, intimidade e autonomia[36] têm a ver com o ter mais tempo, maior disponibilidade emocional, não ter responsabilidades, ter um momento a sós com o próprio corpo, fazer desporto, sair com amigos, sentir conexão emocional com parceiros ou/ sentir-se autónoma e livre. Haverá muitas mais, certamente, mas mais importante que qualquer resposta ou tarefas concretas é o ato de olharmos para nós com curiosidade genuína, interesse e compaixão.

---

36 - Os estudos do meu doutoramento estão publicados em revistas especializadas, mas a sua totalidade, assim como os resumos em português, podem ser encontrados online no repositório da Universidade de Lisboa (Ferreira, 2013).

GABRIEL & GUS

A arte de bem discutir:
territórios, limites, cuidar(se).

O TEMA

Se tivesse de escolher um top dos temas que mais aparecem no meu consultório, sem dúvida que incluiria a gestão das tarefas domésticas, o conflito, a gestão do espaço privado com o espaço do casal, a autonomia versus partilha, a exclusividade na relação, a sexualidade e, claro, a insistente dificuldade de gerir o conflito trabalho/família e vida pessoal. No entanto, se todos estes temas e ainda muitos outros fossem árvores numa floresta, o solo onde as raízes se agarravam e através do qual se alimentavam seria partilhado por todos os casais: a forma como discutem.

A arte de bem discutir não é bem uma arte. Há pessoas mais capazes ou mais desenvoltas a discutir, mas o processo da discussão requer competências muito específicas e estas, como muitas outras, podem e devem ser desenvolvidas, já que são absolutamente básicas para uma relação de casal satisfeita. Eis alguns exemplos sem os quais o casal poderá desenvolver sérias dificuldades na resolução de conflitos e na tomada de decisões importantes:

- Ser capaz de escutar com atenção;
- Alinhar-se com o que está a ser dito;
- Moderar os níveis de defensividade quando sente que do outro lado vem uma crítica;
- Tentar não devolver imediatamente outra crítica (o famoso *"mas tu..."*);
- Manter contacto ocular;
- Empatizar com os sentimentos do Outre;
- Fazer a nossa própria gestão emocional durante o *"evento de comunicação"*;
- Questionar se a nossa perceção do que está a ser dito é correta;

- Admitir que não estamos a conseguir perceber qualquer coisa e pedir ajuda nesse sentido;
- Refletir sobre outros temas tangentes ao tema central, sem os usar para desviar o assunto;
- Escutar queixas sem dar logo soluções;
- Perceber qual é a necessidade que está dentro da queixa.

Saber discutir é diferente de saber resolver problemas. Para já, a discussão – e aqui refiro-me a qualquer conversa mais séria que tenha lugar no casal, quando um ou ambos sentem que algo deve ser falado de forma mais profunda – não é só uma forma de resolver problemas. Mais, as competências que tornam alguém num bom parceiro de discussão podem não ser as mesmas que as que tornam alguém num ótimo mecânico de soluções. A discussão serve precisamente para que ambos percebam se – ou que – existe um problema. Pode não existir, pode ser só uma dificuldade e não um problema. Se tem solução, é um problema. Se não tem solução, é uma dificuldade e temos de encontrar as adaptações necessárias (pessoais, no casal, no contexto) para viver bem com essa dificuldade[37]. Por exemplo, no caso de Gabriel e Gus, a sua diferença cultural e linguística não tem solução, é algo que simplesmente existe e vai continuar a existir, não requerendo por isso uma solução, mas sim uma adaptação. E é isso que têm feito muito bem ao longo

37 - Este é um dos princípios básicos de uma das escolas de terapia familiar sistémica mais clássicas – o Mental Research Institute, em Palo Alto, na Califórnia – que entre os anos 50 e 70 desenvolveu abordagens psicoterapêuticas extremamente relevantes para a intervenção familiar e comunitária na saúde mental, onde se encontravam os geniais Gregory Bateson (marido de Margaret Mead), Paul Watzlawick (construcionista radical considerado até hoje como o papa da comunicação, pelo seu trabalho na pragmática da comunicação humana, onde se destaca o axioma "É impossível não comunicar"), entre outros.

dos anos: acomodar algumas diferenças e rezingar com outras, negociando territórios e limites. A sua diferença cultural não é, por isso, um problema, mas sim uma característica desta relação. Já o facto de não se conseguirem entender quanto às tarefas domésticas e à gestão da casa é um problema, e precisa (rapidamente) de uma solução.

Depois, há outro tipo de problemas que também não têm solução, mas requerem, sob risco de vida, sérias adaptações. O VIH[38] é um deles. Longe o tempo em que o diagnóstico era sentido como uma guilhotina, uma sentença de morte anunciada. Ao longo dos últimos anos, a intervenção nos seus vários formatos tem vindo a mudar radicalmente o paradigma desta condição, já que, havendo acesso a diagnóstico, fármacos e monitorização adequada, uma pessoa com diagnóstico precoce de VIH tem uma esperança média de vida equivalente a uma pessoa sem diagnóstico. Avanços científicos permitem ainda que, após o diagnóstico, a carga viral possa ficar rapidamente indetetável e, logo, caso se mantenha a intervenção farmacológica, intransmissível, permitindo uma maior escolha relativamente a questões de saúde sexual. Também as intervenções tipo PrEP podem proteger pessoas expostas a comportamentos de risco e aumentar as possibilidades de escolha.

No entanto, tal não apaga a pesada herança de estigma associado ao diagnóstico de VIH, que desde os anos 80 e até há bem

38 - O VIH (Vírus da Imunodeficiência Humana), também conhecido pelo acrónimo inglês HIV, é um vírus que ataca o sistema imunológico, podendo ter como consequência, cada vez mais evitável, a síndrome da imunodeficiência adquirida (SIDA). Existem dois tipos principais de VIH: VIH-1 e VIH-2. Embora ainda não haja cura conhecida para o VIH, a terapia antirretroviral pode controlar o vírus e ajudar as pessoas com VIH a levar uma vida saudável. O VIH é transmitido através de sangue, sémen, fluidos vaginais, leite materno e outros fluidos corporais, mas o contágio pode ser prevenido através da prática de sexo seguro, uso de agulhas estéreis e uso de medicamentos de profilaxia pré-exposição (PrEP).

poucos anos, atirou para terra de ninguém tantos de nós, vulnerabilizando ainda mais quem precisava de estar (bem) acompanhado e criando severos obstáculos à prevenção e intervenção no VIH. O estigma que ainda sobrevive tem sérias consequências a nível de saúde mental e qualidade de vida. Este estigma refere-se às atitudes, crenças e discriminação negativas dirigidas a pessoas que vivem com VIH ou que são percebidos como estando em risco de contágio e envolve vários fatores, incluindo o medo, a desinformação e também preconceitos sociais relacionados com a transmissão, já que as comunidades marginalizadas são desproporcionalmente afetadas pelo VIH.

O estigma associado ao VIH pode incluir severo sofrimento psicológico, depressão, ansiedade e baixa autoestima, podendo ser ainda internalizado e assim provocar sentimentos de vergonha, culpa, medo de rejeição ou de julgamento e isolamento social. Mais acresce o medo de revelar a condição associada ao VIH, que pode levar a dificuldades na formação de novos relacionamentos significativos.

Não é ainda de menorizar a possível discriminação por parte de familiares, amigos, colegas e até mesmo de profissionais de saúde, o que pode naturalmente prejudicar o acompanhamento médico da pessoa com VIH, comprometendo a sua condição de saúde. Por último, importa referir que o estigma relacionado com o VIH afeta negativamente os esforços de prevenção e o acesso aos cuidados de saúde, o que pode levar a atrasos no diagnóstico e tratamento, aumentando assim o risco de transmissão do vírus a terceiros.

A ESTÓRIA

Juntos há dez anos, Gabriel com 54 anos, e Gus, com 49, tinham uma relação tendencialmente monogâmica, onde por vezes deixavam entrar terceiros, que faziam em conjunto ou separado. Era pontual e não era um problema. Ambos trabalhavam longas horas, sete dias por semana, Gabriel fora de casa, numa consultora de topo, onde era muito bem pago se nos esquecermos dos custos que o seu investimento laboral e violenta tensão decorrente comportava ao nível da sua saúde mental e física. Gus trabalhava também intensamente, mas em casa, num atelier improvisado a partir das águas furtadas de sua casa, onde gerava, pelas suas próprias mãos, magníficas figuras animais e bestiais a partir de lendas antigas e navegações oníricas, numa produção frequentemente assessorada por um *microdosing* de alucinogénios. Os seus bichos pontuavam alto nas feiras de arte contemporânea e a sua nano loja, numa das zonas mais *hipsters* da cidade, providenciava-lhe todo o conforto financeiro que achava que ia perder quando deixou Berlim por amor a Gabriel.

Gabriel contraiu VIH na sua relação anterior, através do seu parceiro que, de forma dissimulada, durante algum tempo, esteve dependente de substâncias e pontualmente teve comportamentos de risco, nomeadamente na partilha de agulhas, que acabou por ditar o contágio, ainda por cima numa altura onde essa já não era a principal forma de transmissão do vírus, mas sim a via sexual. O estigma, a vergonha e sensação de que *"A sida é coisa do passado"* fizeram com que não revelasse a Gabriel os seus comportamentos de risco e foi apenas numas análises de rotina que Gabriel foi confrontado com o diagnóstico. Disse-lhe o médico: *"Tivemos sorte que estas análises ainda não estão nada más, parece que vamos a tempo. Irá começar um regime de medicação específico. Vai correr tudo bem, mas vai ter de fazer isto a vida toda e ter vigilância médica regular."*

A relação acabou por terminar, por outros motivos, e anos depois conheceu Gus, através de uma aplicação, onde sem meias medidas já fazia a revelação, logo no topo do seu perfil: *"Sou positivo e não só em relação à vida, também em modo Sero. Sem paciência nem tempo para explicar tudo outra vez, quem estiver interessado é favor informar-se decentemente e depois logo nos vemos. É 2023, orientem-se. Mas vale a pena, modéstia à parte. Bichas racistas, misóginas ou gordofóbicas: bye, bitch"*. Gus, ao ver este perfil, não se fez rogado e achou que havia caminho a percorrer. Encontraram-se num bar e o *click* foi imediato. Em minha casa ou na tua? Nem tiveram tempo, aquela esquina atrás do bar era demasiado conveniente e eles eram demasiado deliciosos. Teve de ser.

E assim se criou outro problema que precisou de uma solução: Gabriel tinha a vida muito condicionada a Lisboa porque o seu trabalho, resultado de anos de investimento pessoal e financeiro, estava mesmo muito focado no território nacional, mas sobretudo por causa da sua filha Gabriela. Fruto de uma feliz relação anterior, que teve o seu espaço e tempo, e que acabou em bom (ainda hoje é próximo de Guida – a quem orgulhosamente chama *"a mulher da minha vida, antes e depois da minha filha"*). Gabriela, de 17 anos, depois da separação, aos seus 4 anos, ficou a viver com a mãe no que era à data o modelo vigente, vendo o pai apenas aos fins de semana e nos jantares de terça-feira em que jantavam sempre os três. Mais tarde, juntar-se-iam os respetivos companheiros. Pouco anos depois, assim que Gabriel e Gus se estabeleceram como casal, todos concordaram que o lógico, o desejado e o mais benéfico para todos seria a residência alternada de Gabriela e assim continuaram, com uma relação em desenvolvimento no eixo Gus-Gabriela, que por vezes comportava alguns desafios mas que era geralmente muito afetuosa e até espirituosa, pautada por uma microcultura só deles.

E, assim, a solução foi evidente. Gus veio de Berlim para Lisboa, diretamente para casa de Gabriel, um espetacular duplex à Almirante Reis, apanhado por Gabriel quando Lisboa ainda não tinha sido tomada por quem não se importava de pagar rendas modo escândalo. Também isto foi um tema no casal, a negociação dos territórios. Gus vivia sozinho desde que tinha saído da casa que ocupava com um grupo de pares, curiosamente ao lado da casa dos pais, em Berlim Leste. Vinha de uma família de artistas de teatro e música clássica da antiga RDA, e, talvez por isso, prezava imensamente (obsessivamente?) a sua autonomia e espaço pessoal. Deixar a sua casa, o seu *atelier*, o seu país e a sua tribo foi difícil, sobretudo para vir ocupar algo que sentia como não sendo seu. Não tendo sido completamente apaziguado, esta gestão de territórios e espaços pessoais era um tema que os assombrava frequentemente.

A TERAPIA DE CASAL

Sessão 1

Luana: Então, contem-me o que é que estão aqui a fazer.

Gus: Direta ao assunto, vamos a isso!

Luana: Vocês estão-me a pagar, temos de aproveitar bem o tempo!

Gabriel: É verdade, mas acho que o Gus é mais direto que eu, é alemão, coitado (risos)... Bom, desculpe-me se eu demorar um bocadinho mais.

Luana: Maravilha, já me estão a mostrar partes da vossa *"dança"*. Obrigada, Gabriel, como vê, apesar de supostamente terem tempos diferentes, o Gabriel já foi muito eficaz a dar-me informação!

Gus: Pois foi, até antes de mim!

Gabriel: Certo, vou continuar antes que perca a coragem! Estamos aqui porque estamos fartinhos um do outro.

Todos: (risos)

Gabriel: Bom, vá, deixem-me reformular. Não estamos fartinhos um do outro, eu pelo menos não estou farto do Gus, mas estamos sim fartos de não conseguirmos resolver os nossos problemas, que se arrastam há tanto tempo. São sempre os mesmos. E não lhes conseguimos dar a volta.

Gus: Isto é verdade. Eu acho que a nossa relação é muito boa, mas com tanta frequência ficamos presos num círculo diabólico do qual não conseguimos sair e isso deixa-nos mesmo derreados durante dias.

Luana: Não há nada como uma má discussão para nos deixar de rastos, todo o nosso organismo está ativado durante uma discussão desse calibre, e partes da nossa história, traumas e afins, tendem também a mostrar um pouco a sua cauda nesses cenários. Por isso, às vezes, digo que quando discutimos trazemos toda uma agenda de política relacional para cima da mesa. Nunca nada é tão simples como deixar as meias na sala. Bom, mas ainda nem vos conheço e já estou para aqui a discorrer.

Gabriel: Tudo bem, estamos aqui para aprender.

Luana: Hum, mais ou menos, não só, mas também, eu aqui abro mais portas do que dou matéria. Vamos lá ver, interessa-me perceber melhor a vossa dança das discussões. Quero saber temas e quero saber formas. Ou seja, o que discutem e como discutem? Gus, está em desvantagem linguística, por isso, pode começar que o Gabriel já leva avanço.

Gus: *OK*, então se calhar, vamos primeiro aos temas, é mais fácil. Eu acho que o principal tema está na organização doméstica, mas como disse, não é a questão de deixar as meias em todo o lado, é...

Gabriel: Eu não deixo as meias em todo o lado.

Gus: Até deixas, mas era mesmo – está a ver, é assim que começa.

Luana: Vamos continuar mais um bocadinho, preciso de ver uma coisa.

Gus: *OK* (respira fundo). Como eu estava a dizer, nem é a história de ALGUÉM deixar as meias em todo o lado, é mais a forma como isso perturba a nossa vivência do espaço, ou seja, dos espaços de cada um.

Luana: Muito bem, Gabriel, o que quer acrescentar ao que o Gus disse?

Gabriel: Sim, em termos de temas, temos a questão da arrumação, porque o Gus é absolutamente obsessivo com isso, tudo tem um sítio e nada pertence fora desse sítio e quem decide esse sítio é o Gus.

Gus: Não é verdade, só exijo o mínimo de respeito pelo meu espaço.

Gabriel: Pois, mas não é o teu espaço, é o nosso espaço e se vives com alguém tens de saber chegar a compromissos.

Gus: Pronto, está a ver? É assim.

Luana: Estou a ver, sim, estou a ver que aquecem rápido. Mas já lá vamos, mais alguma coisa que seja tema de discussão?

Gus: Algumas questões com Gabriela, a filha de Gabriel, minha enteada. Questões mais uma vez sobre a ocupação que cada membro da família faz do espaço e da maneira como eu sinto que não pertenço a lado nenhum.

Gabriel: Não pertences porque não queres, Gus, estamos sempre todos a tentar acomodar-te, mas nunca nada está certo... E pronto, é isto, já cá estamos outra vez, agora em frente à terapeuta e tudo!

Luana: Obrigada, mais uma vez, era mesmo aqui que eu queria chegar porque agora posso-vos em primeiro lugar dizer que fizeram muito bem em pedir ajuda, o que não deve ter sido nada fácil e, em segundo lugar, que estou a perceber que já me estão também a responder à parte da forma, a forma como discutem. Costuma mesmo ser assim, com este início tão súbito?

Ambos: Sim.

Luana: Certo. Vou agora pedir-vos para se focarem neste preciso momento. Conseguem dizer-me o que estão fisicamente a sentir? Como está o vosso corpo?

Gabriel: Epá, já estou todo contorcido. Tenso.

Gus: Eu estou *OK*.

Luana: E emocionalmente, como se sentem?

Gabriel: Zangado. Confuso.

Gus: Frustrado. Cansado.

Luana: Estão presos naquilo que eu chamo o ciclo do cortisol. Não é assim tão simples como vou explicar, mas basicamente quando estamos a discutir coisas emocionalmente importantes, começamos a sentir alguma vulnerabilidade, começamos a sentirmo-nos expostos e isso causa sempre um pouco de ansiedade... Nada de errado aí, aumenta um pouco a adrenalina e até ficamos mais atentos. Mas a partir de um certo ponto, sobretudo se nos começarmos a envolver mais e mais na discussão, se não nos estamos a sentir ouvidos nem validados, se começamos a lutar por estar certos e não por perceber a verdadeira perspetiva do outro, aí entra em jogo a hormona do stress, o cortisol, e não só ficamos com o coração a bater mais rápido e as mãos a suar, como começamos a sentir algo de muito específico no nosso cérebro, para alguns uma espécie de bloqueio, para outros uma confusão mental... Aí, ficamos empancados, é impossível a discussão avançar. Faz-vos sentido o que estou a dizer?

Gus: *Ipsis verbis*

Gabriel: Tal e qual.

Luana: *OK*. E o que fazem nessa altura? Se eu fosse uma mosca e estivesse na parede vossa sala, o que veria, a partir da minha perspetiva?

Gabriel: Eu furioso, logo para começar. E ele silencioso, parado. Quanto mais parado ele fica, mais eu começo a ferver, por dentro e por fora. A fritar, de facto. É horrendo.

Luana: Gus, reconhece-se nesta descrição de Gabriel?

Gus: Sim, ele está completamente correto na sua descrição. Sinto-me paralisado, bloqueado. É aquele efeito de cortisol?

Luana: Provavelmente, sim, é uma hipótese muito pertinente e podemos testar isso. Vamos pensar aqui em conjunto algumas formas de não deixar o vosso stress, angústia, frustração, como lhe queiram chamar, subir tanto durante a discussão. E vemos se funciona, boa? Se não funcionar, vamos afinar esta hipótese até encontrarmos algo que funcione, pois se é um problema, tem solução. Mas falta-me aqui uma peça do puzzle. Gabriel, o que acontece depois de ficar furioso e do Gus ficar bloqueado?

Gabriel: Ah pois, isso é importante. Eu começo a sentir-me claustrofóbico e tenho de sair dali, tenho de me ir embora.

Gus: E eu fico destruído quando isso acontece. É ficar perdido no meio de nevoeiro, sem saber onde ele está. E é uma falta de respeito, mais ainda.

Gabriel: Eu não consigo ficar... não naquele estado.

Luana: Não é de facto a melhor forma de interromper ou de parar uma discussão, mas é natural que aconteça assim. E já agora, quando é que isto NÃO acontece?

Gus: Como assim?

Luana: Quando é que conseguem não deixar a discussão escalar para estes lados chatos?

Gabriel: Acho que escala sempre.

Luana: Perdoem-me duvidar. Certamente houve algumas vezes que não.

Gus: Aquela vez... lembras-te?

Gabriel: Já sei... no Alentejo? Sim, é verdade, já aconteceu. Estávamos na parte de trás de casa de um amigo nosso e começou uma estúpida cena de ciúmes, que por acaso não é nada comum em nós, mas surgiu daquela vez, por causa de outro amigo que também lá estava.

Gus: Começámos a discutir e, a certa altura, o Gabriel começa a elevar a voz e eu, acho que fui eu, não...?

Gabriel: Não me lembro... sim, talvez tenhas sido.

Gus: Sim, acho que fui, e disse: *"Olha, isto não tem solução, não estamos a conseguir sair daqui, mas não podemos fazer isto ao Gonçalo* [era o nosso amigo]". E parámos.

Luana: Hum. *OK*, ainda bem que têm boa memória, isso normalmente ajuda a identificarmos cenários que já funcionaram bem para o casal. Mas... duvido que tenha sido assim tão simples. Qual foi a diferença que fez a diferença[39]?

Gus: Sim, exato, decidimos que íamos arejar um pouco. Eu fui para a sala, estavam todos a comer e a ver acho que um jogo da seleção – o Gabriel é viciado em futebol e eu lá faço tolerância. Ele foi dar uma volta pelo pomar e ficou lá um pouco a brincar com cães. Acalmámos.

Luana: Olhem, isso foi muito bem pensado. Não voltaram a fazê-lo?

Gabriel: Pois. Não... não sei porquê, acho que os conflitos agora sobem demasiado rápido, parece que não temos, sei lá, uma luz clara para pensar, para sentir que podemos controlar. Usar estratégias parece... estranho. Mas é por isso que estamos aqui, no fundo.

Luana: Então vamos tentar precisamente isso, pode ser? Vocês já provaram que são capazes do o fazer, de pisar os travões numa discussão que começa a arder demasiado, vamos ver se conseguimos aplicar também a outros temas mais quentes. Um time out. Já ouviram falar?

Gus: É ficar de castigo?

Luana: Espero que não! O objetivo é pausarem a discussão para que ela não escale tão rápido. Têm dois truques que ajudam isto a correr bem. O primeiro é terem uma palavra de código. Já têm alguma?

Gabriel: Por acaso temos, mas é mais para coisas de cama, para quando temos umas dinâmicas mais... interessantes. É melhor ser diferente, certo? (risos)

---

39 - "A diferença que faz a diferença" refere-se ao elemento ou mudança crucial que tem um impacto significativo num sistema ou contexto, conforme proposto por Gregory Bateson, antropólogo, filósofo e génio das teorias dos sistemas e cibernética, que com suas teorias de comunicação e construção de significado deu forma ao campo da psicologia sistémica.

Luana: Sim, não queremos poluir esse santuário com estas coisas, a cama deve ser protegida com unhas e dentes.

Gus: Tem alguma sugestão?

Luana: A palavra de segurança deve ser algo inequívoco, que chame a atenção e que por si só, interrompa esse circuito... Constantinopla! Ornitorrinco! Macadâmia!

Gabriel: Beterraba!

Luana: Beterraba? *OK*, nunca tinha ouvido.

Gus: (risos) É uma coisa nossa, uma palavra que me custava imenso a repetir quando comecei a falar português. E acho-a sempre cómica. Beter-r-r-r-raba!

Gabriel: (risos) É capaz de cumprir bem esta função. *OK*, fica. Mas o que fazemos com ela?

Luana: Esta palavra não tem como função impedir a discussão, mas sim de não a deixar escalar sem travões. Uma discussão é um caminho, do ponto A a mil pontos diferentes. Quando chegarem a uma parte do caminho em que começam a sentir no corpo e na mente aqueles *"sintomas"* que me falaram há pouco, e de forma muito intensa, qualquer um de vocês está autorizado a dizer a palavra código. Beterraba! Se concordarem com isto agora, assim que esta palavra for dita – e é por isso que NÃO PODE ser usada em vão – têm de deixar a discussão no ponto onde estava e irem arejar. Pára tudo, no mínimo, meia hora. Só depois podem voltar à conversa, e é se estiverem mais calmos.

Gus: Parece-me muito bem, mas será que nos vamos lembrar?

Gabriel: Espero que sim, estamos aqui para isto.

Luana: Vamos experimentar. A segunda parte deste time out é extremamente importante: não poderão usar esta palavra de código para evitar um assunto, ou para não falar sobre um tema. Assim, depois de fazerem a interrupção, têm forçosamente de voltar ao assunto, de preferência no mesmo dia. Estamos entendidos?

Gabriel: Uau, isso é mesmo a sério.

Luana: Como assim?

Gabriel: Não sei, estava com medo que a terapia de casal fosse *"só"* um sítio para vir despejar frustrações e sentirmo-nos compreendidos e apoiados. Mas vejo agora que temos mesmo de fazer coisas...

Gus: Eu gosto assim.

Gabriel: Claro que gostas, és super organizado, isto é mesmo o teu estilo. Mas não me estou a queixar, estou só... surpreendido.

Luana: Gabriel e Gus, podem-se queixar à vontade que eu cá estou para lidar com isso, *OK*? Isto só faz sentido se vos fizer sentido. Mas sim, embora todos os terapeutas tenham estilos diferentes, partilhamos o principal objetivo – a mudança. No fundo, como dizia um dos nossos clássicos: parar de fazer o que não funciona, descobrir o que funciona e fazer mais do que funciona. Vamos tentar?

Gabriel: Ai, credo, vamos e vamos com tudo.

Gus: Estamos prontos.

Sessão 4

Luana: Como estamos?

Gabriel: Estamos *OK*. O que achas? Como estamos?

Gus: Sim. *OK* é um bom resumo.

Gabriel: Aquela palavra de código finalmente começou a funcionar, depois daquele falhanço das primeiras duas vezes. E de facto faz diferença. Quer dizer, estamos a discutir igualzinho, mas já não chegamos aos sítios feios da discussão. Paramos antes. E fica mais fácil. É verdade.

Gus: Sim, o Gabriel tem razão e é um alívio, sabe? Sentir que já não é inevitável ir acabar naquela intensidade toda... e eu acho que aquilo foi verdadeiramente traumático. Acho que o meu corpo ainda reage quando penso nisso.

Luana: É natural que sim. Como falámos, foram muitos anos, várias vezes por mês a serem expostos e a participarem num evento de comunicação que vos ativava fisiológica e emocionalmente para níveis muito intensos e com a frustração de, na vasta maioria das vezes, não chegarem a ponto algum.

Gabriel: Sim, sempre que começamos, ainda sinto isso. Medo de descambar outra vez.

Luana: Como se fosse o medo do medo. Por antecipação, o nosso cérebro vai para o lugar do caminho onde tudo pode correr mal. Nem nos deixa apreciar o caminho, salta logo, já lá estamos.

Gabriel: É mesmo isso.

Luana: Acho que hoje estamos então finalmente prontos para fazermos um exercício clássico de comunicação que vos pode ajudar a moderar esse medo. É um exercício que vos permite, se correr bem, subir os degraus da discussão extremamente devagar. O que pode ajudar a moderar o aumento voraz daquelas emoções que depois nos fazem não ouvir nada do que o outro está a dizer ou, pior ainda, ouvir apenas as partes que servem o nosso argumento. É um exercício que vos força, de facto, a escutar.

Gabriel: Vamos a isso.

Luana: Tenho de avisar que este exercício no início pode ser um pouco chato, irritante, pode até parecer ridículo, mas se insistirmos, pode dar frutos. Primeiro, estranha-se, depois fica parte do vosso repertório de comunicação. Sigam as minhas pistas, *OK*? Então, no outro dia, ouvi-vos queixar sobre roupa espalhada pela casa. Gus, gostava que, numa frase começada por *"Eu sinto que"*, dissesse alguma coisa ao Gabriel sobre isso. Gabriel, não pode interromper, fala um de cada vez e em frases curtas. Eu vou mediando. Gus, pode tomar o palco.

Gus: *OK*. Gabriel, porque é que estás sempre, sempre, sempre a esquecer-te de pôr a roupa no cesto da roupa suja? Estás sempre a esquecer o que te peço, parece que não te importas com absolutamente nada lá em casa.

Gabriel: Mas tens noção que estás cons-tan-te-mente a dizer-me o que fazer?

Luana: *Stop!* Vamos parar. Gus, preciso que comece a frase por *"Eu sinto que"*. Gabriel, espere por mim até avançar.

Gus: *OK*. Eu sinto que o Gabriel…

Luana: Eu sinto-me X quando tu, Gabriel…

Gus: Eu sinto-me desesperado quando tu deixas a roupa espalhada pela casa, sinto que não te importas com nada, com o nosso lar… e que tudo sobra para mim. É isto.

Luana: Muito bem. Frase curta, focada no que sente e numa ação concreta. Gabriel, sei que quer muito responder já, mas peço-lhe que aguarde um pouco, vai ter essa oportunidade, prometo-lhe. Mas primeiro vai dizer por palavras suas o que ouviu.

Gabriel: É para repetir?

Luana: Repetir por palavras suas, tentar chegar mesmo à mensagem, ao conteúdo do que o Gus disse.

Gabriel: (virando-se para Gus). *OK*. Ouvi que quando eu deixo tudo desarrumado, tu ficas furioso.

Luana: *OK*, pode parar aí mesmo. Muito bem. Agora, Gus, gostava que dissesse ao Gabriel se o que ele disse está inteiramente correto ou se há alguma coisa que escapou ou que queira tornar mais claro.

Gus: Sim. Eu fico frustrado quando não pões a roupa no sítio certo. Outra vez, lá vou eu à procura da roupa pelo apartamento, todas as vezes que quero fazer uma máquina da roupa, nunca nada está no sítio certo. É dor de cabeça certa.

Luana: Muito bem. Gabriel, a mesma coisa, faça uma paráfrase do que disse o Gus, repita, mas por palavras suas, aquilo que verdadeiramente percebeu.

Gabriel: *OK*, ficas muito frustrado quando eu não coloco a roupa toda nos sítios certos, fica inclusivamente a doer-te a cabeça e tudo.

Luana: Gus, o Gabriel chegou lá?

Gus: Sim, foi isso que eu disse. E como estamos a viver uma fase tão complicada, eu fico mais preso nestas pequenas coisas e depois isto liga a coisas maiores, à história de eu estar a trabalhar em casa e, por isso, às vezes, parece que esta parte doméstica fica toda para cima de mim. E eu sei que não é por mal, eu vejo que andas tão cansado, mas sinto-me sobrecarregado com a questão das tarefas domésticas...

Luana: *OK*, *OK*, vamos para o Gus. Já é muita informação para o Gabriel reorganizar e devolver. Gabriel, se não se importa, é a sua vez.

Gabriel: Então, do que eu percebi, parece que me estás a dizer que te sentes mesmo sobrecarregado com as coisas de casa, porque eu – e é verdade – passo muito menos tempo em casa e tenho naturalmente menos tempo para lidar com todas as logísticas domésticas e sentes que... que eu deixo para ti mais do que a tua quota parte.

Gus: Sim, é exatamente isso. Muito mais do que a minha quota parte.

Luana: Muito bem. Como se estão a sentir agora?

Gus: Sinto-me bem. Consegui dizer o que queria e sinto que o Gabriel percebeu tudo. Não fui atacado.

Gabriel: Eu estou bem também, mas ansioso por responder.

Luana: Excelente, então pode fazê-lo agora, seguindo as mesmas regras.

Gabriel: Eu sinto que – é assim, não é? –, sinto que estou mesmo a trabalhar muito, demasiado, e parece que nunca chega, nunca chega para colmatar... a minha dívida. Quero fazer mais e fazer melhor, quero dar-te todo o conforto, mas nunca chega.

Luana: Muito bem, Gabriel. Agora é a vez do Gus.

Gus: Repetir, *OK*. Então, eu ouvi-te dizer agora que sentes que tudo o que fazes, que é muito e nunca chega, há sempre mais e mais, e que estás mesmo muito cansado, exausto até. Mas... se posso perguntar, houve uma parte que não percebi. A dívida. Dívida como? Dívida de quê?

Gabriel: Ufff... isto agora fica mais sério.

Luana: *OK*. Temos tempo. Sem problema. Parece-me que é algo importante que está aí.

Gabriel: (respirando fundo) Eu sinto que o Gus recebeu um Gabriel danificado... e passo a vida a tentar colmatar isso.

Gus: Danificado? Como assim? O que é que isso quer dizer?

Gabriel: Por causa da minha condição. Do VIH.

(silêncio)

Luana: Deve ser muito duro sentir isso, Gabriel. Pesado, mesmo. Transporta esse sentimento consigo há muito tempo?

Gabriel: Há demasiado tempo. Até estou aliviado, mas envergonhado, de ter dito isto agora.

Luana: Gus, também imagino que não seja fácil ouvir isto. O que gostaria agora de dizer a Gabriel?

Gus: É pesado, sim, e eu lamento muito que sintas isso. Não consigo imaginar o que é. Mas eu não sinto que te encontrei danificado, como dizer, eu apaixonei-me por ti inteiro, já com todos esses... contornos. Esta tua condição não faz a tua definição e certamente que também não faz a nossa, ou a minha. É parte da tua história e por isso parte da nossa, mas nunca nos trouxe grandes chatices. Não é assim que eu te vejo.

Gabriel: Mas eu sou isto também e faz parte de mim, uma parte que merece ser vista. E acolhida.

Gus: Mas sentes que não é?

Gabriel: Não sei.

Luana: Gabriel, isso é muito importante, o que está a dizer agora. De que forma é que sente que essa sua parte, a sua condição, não é vista?

Gus: Pois, também gostava de saber...

Gabriel: Nunca se fala disto lá em casa, é uma espécie de tabu. Então, sempre que vou fazer as análises ou algum acompanhamento, parece que não me sinto confortável em falar disso.

Gus: Mas, Gabriel, é precisamente por isso que eu não abro o tópico, porque me pareces desconfortável e eu achei que estavas resolvido quanto a isso, que era algo que fazia parte da tua privacidade.

Gabriel: Pois, não sei...

Luana: Como dissemos no início, as discussões são um caminho que vai de um ponto a muitos outros e agora viemos dar aqui. É um ponto importante e eu gostava de o fazer circular, para ficarem os dois mais claros em relação a isto, até ao ponto de partida, que eram as questões domésticas e o investimento de cada um nelas. O Gabriel consegue relacionar estes dois pontos?

Gabriel: Sim, exato. Posso tentar, porque sinto mesmo que está relacionado. Como sinto que o Gus nunca teve direito a um Gabriel completamente intacto, no sentido saudável, quero compensá-lo de outras formas e o meu investimento e dedicação ao trabalho é para conseguir cada vez melhores condições para nós.

Luana: Condições financeiras?

Gabriel: Sim, para o compensar.

Gus: Eu não preciso de ser compensado por nada. Eu nunca te quis intacto. Eu sempre te quis a ti, e as tuas circunstâncias vêm no pacote. E nada disto é menos belo por isso. Ou esqueces-te que tu também não me recebeste intacto!?

Gabriel: Como assim?

Gus: Esqueceste-te que quando te apaixonaste por mim eu recuperava de uma depressão de vários anos? Que esta era agravada pela morte da minha mãe, pouquíssimos meses depois de eu vir viver contigo? Esqueceste-te do que passaste comigo? Dos dias inteiros na cama? Da vergonha em pedir ajuda psiquiátrica e psicológica? E tu ainda por cima a teres de cuidar também da tua filha. Lembras-te de tudo o que fizeste por mim, por nós, nessa altura? Dos meses infindáveis em que eu não conseguia trabalhar? Muito menos ir para a cama contigo?

Luana: Gus, pelo que percebo, não só estava com uma depressão, que por si só já é uma condição de saúde mental grave, como estava a tentar lidar com a morte da sua mãe, como tinha saído da sua casa e do seu país e estava a tentar adaptar-se, no meio disto tudo, a um país, casa, casal e família nova. Uau. Como é que o Gabriel cuidou de si nessa altura?

Gus: O Gabriel foi de uma maneira que não se pode ultrapassar. Não só me suportou financeiramente, como não deixou que me faltasse nada. Colo, sobretudo. O Gabriel era o rei do colo nessa altura.

Luana: Já não é?

Gabriel: Acho que agora tenho outras competências mais... carnais, ou pelo menos gosto de pensar que sim (risos).

Gus: Nisso não me posso queixar. Mas o principal é que tu também cuidaste muito de mim. E não tens qualquer dívida. Não precisas de te matar a trabalhar.

Luana: Ninguém chega intacto a lado nenhum.

Gabriel: Pois, se calhar não.

(silêncio)

Luana: Não sei se teríamos conseguido chegar a este ponto tão importante se vocês se estivessem só a irritar por causa das meias no chão. É por isso que é tão importante escutarmos com atenção as queixas mais banais da nossa relação. Lá dentro, provavelmente, estão escondidas dores, necessidades e fomes muito concretas. E o que eu ouvi aqui hoje, desta cadeira privilegiada onde vocês me colocaram a assistir à vossa dança, foi que o Gus está cheio de fome de um Gabriel mais presente em casa e que o Gabriel, por sua vez, transporta consigo uma dor que se revela numa elevadíssima necessidade de compensar Gus. Ainda bem que estas narrativas encontram espaço para respirar.

Mas como é que isto acaba?

Neste caso, como em muito outros (quase todos os outros?), nem tudo ficou resolvido em terapia. Durante cerca de 15 sessões, Gus e Gabriel foram desfiando os interstícios da sua relação, com particular destaque para a questão central da comunicação e particularmente sobre a gestão do conflito. Este é um tema que pode perturbar ou potenciar quase todos as problemáticas das relações humanas e, por isso, à medida que ambos se foram sentindo mais seguros durante as conversas, e também durante as ocasionais discussões mais acesas, essa nova forma de estar em relação foi também contaminando positivamente outros temas da relação que necessitavam de ser endereçados: a maneira como cada um demostrava o seu afeto, fosse através da presença, das palavras, da proximidade física, do erotismo, da construção dos planos em comum ou mesmo da gestão familiar.

Pouco a pouco, Gus foi-se sentindo mais em casa e, para isso, teria certamente contribuído a reorganização dos espaços, tornando aquele que um dia tinha sido apenas território de Gabriel, num território verdadeiramente partilhado, com limites definidos e tarefas especificamente alocadas a cada um. Essa maior estrutura acabou por libertá-los das quezílias constantes em relação à gestão doméstica, que acabava por perturbar todas as outras dimensões deste casal com tanta potencialidade.

Olhando para trás, sinto que a dimensão que menos efeitos positivos recebeu do processo terapêutico teria sido a conciliação entre os limites da privacidade de cada um e a negociação constante inerente à não exclusividade da relação, ou seja, mantinham alguma dificuldade em alterar alguns formatos da sua não-monogamia por pudor em pisarem o risco da vida erótica privada do parceiro. No entanto, a forma como discutiram tantos temas tão difíceis em terapia (e em casa!) é um excelente indicador para o que conseguirão fazer já fora da terapia.

AÇÃO DIRETA

Gestão doméstica:

Façam uma lista. Escolham de acordo com o tempo disponível, os horários, os gostos e as competências, mas façam-na o mais paritária possível.

Trabalho emocional:

Não recomendo propriamente que coloquem as tarefas de trabalho emocional numa qualquer base de dados (se funcionar, não sou ninguém para me meter!), mas convém estarem atentos a quem está a ficar mais responsável por elas e eventualmente sobrecarregado. Ou sobrecarregada, que é mais comum.

Speaker – Listener Technique:

As regras para discutir são muito simples:

- Quando está a falar:
    - Fale por si, não tente ler a mente do Outro;
    - Use frases curtas, não faça um testamento, lembre-se que o Outro tem de parafrasear logo a seguir; se fizer um monólogo de quatro minutos, esse trabalho vai ficar medíocre;
    - Páre para que o Outro consiga repetir, por palavras próprias, o que ouviu;

- Quando está a ouvir:
    - Foque-se na mensagem do outro, não comece logo a pensar na resposta que vai dar. Sim, é difícil, se fosse fácil não estava a escrever isto agora;

- Por palavras suas, repita o que ouviu ANTES de responder;
- Pergunte ao Outro se a sua interpretação do que disse está correta ou se falta alguma coisa. Só depois de obter essa confirmação pode avançar para a sua resposta e isto pode demorar algumas *"voltas"*;

• Em ambas as situações:

- Usem um objeto simpático para identificar quem começa e detém o palco;
- Só fala quem tem o objeto na sua vez. Não se podem interromper nem fazer apartes;
- Tem de haver alternância de palco;
- Quem fala, mantém o palco enquanto o Outro repete por palavras suas o que ouviu;
- Este exercício não é nada fácil e no início posso-vos prometer que será, no mínimo, um pouco irritante. Mas fica melhor com a prática e transforma-se facilmente num recurso inestimável para o bem-estar e fluidez do casal, mesmo em discussões mais pequenas.

Boas discussões!

NAZARÉ & NICOLAU

A grande traição.

O TEMA

A infidelidade é uma das principais problemáticas que aterra nos consultórios de terapia de casal. Não sendo de todo um tema novo, tem ganho cada vez mais destaque à medida que os avanços nesta área científica se consubstanciam em modelos de intervenção mais concretos[40]. Embora a percentagem de casos de infidelidade varie de acordo com o tipo de estudo, com a própria definição de infidelidade utilizada e com o contexto, este fenómeno tende a ocorre entre 30% a 65% dos casais, segundo as estimativas mais conservadoras.

A verdade é que os humanos não são os melhores do mundo a manterem-se emocionalmente e sexualmente exclusivos, os triângulos amorosos que abalam a estabilidade dos casais vão desde ex-namorades, colegas de trabalho e paixões platónicas que persistem anos a fio (e que por vezes nos visitam em sonhos mais ou menos acordados), até perfeitos desconhecidos em perfeitas ocasiões.

A presença de terceiros eróticos foi sempre uma realidade nas relações humanas e diversos mitos tendem a encobrir as suas causas. Um dos maiores mitos é que a fidelidade é natural, ou como questionam alguns investigadores: se é fácil e até natural não ser infiel, como é que este comportamento sobreviveu tantos séculos de condenação e proibição explícita, por vezes, com graves consequências[41]? Fundamentalmente, é porque não há nada de natural nisso, a exclusividade sexual e a monogamia são imposições culturais ancoradas num modelo patriarcal que visa proteger sobretudo a

---

40 - Barraca et al (2021); Dupree et al, (2007); Peluso (2007)

41 - Diogo 2019); Ryan & Jetha (2012)

transmissão da propriedade na família e limitar a sexualidade, esta última referindo-se particularmente às mulheres.

Nem todos os casais que chegam aos consultórios após eventos de traição ou infidelidade concordam na sua definição, pode variar consideravelmente de casal para casal. Cada casal é um planeta que implícita ou explicitamente construiu ao longo da relação, mais longa ou mais curta, o seu próprio contrato sobre o que é considerado traição. Por exemplo, existem casais em não-monogamias consensuais ou relacionamentos abertos, onde os encontros fora da relação são permitidos desde que comunicados previamente à pessoa parceira. Neste cenário, não são considerados infidelidade. Porém, se um dos parceiros descobre que não tem o acesso que esperava à informação sobre as aventuras, ou que o contrato foi quebrado, o sentimento de traição é tão ou mais avassalador do que num casal exclusivo. Existem também casais que definem infidelidade como qualquer busca de prazer fora da relação, mesmo que seja por meio de fantasias virtuais ou atividades aparentemente inofensivas, como um jantar com amigos ou trocas de mensagens sem caráter sexual. O que alguns consideram uma traição dilacerante, para outros pode ser apenas um movimento de autonomia e liberdade pessoal. A definição de infidelidade depende principalmente do contrato emocional estabelecido pelo casal, e é única para cada relacionamento. Esta falta de definição clara é muitas vezes o ponto de partida da infidelidade.

Se é algo tão mal visto na sociedade, porque será que as pessoas continuam a trair? Naturalmente que há muitas traições que ocorrem em relações emocionalmente desgastadas, com baixa conexão emocional e onde um dos parceires já fez o *check-out* da relação. Esta tende a ser vista como a principal razão para a infidelidade, quando o casal já não é feliz ou está a passar uma má fase, mas há mais verdades nesta história. Por vezes, surge alguém que faz abanar a relação, mesmo que esta esteja em perfeitas condições de funcionamento. E, ainda mais frequentemente, na minha experiência clínica e também como exemplificado nos trabalhos de Esther Perel, a terceira pessoa, objeto da traição, as suas características e a relação estabelecida têm pouco a ver com a decisão de trair, são um bode expiatório que, no momento, ou momentos, respondem a necessidades muito individuais de quem trai. Assim se explica que em apenas 10% dos casos de infidelidade,quem trai, fique com a pessoa com quem traiu.

A traição é um ato individual e geralmente está mais relacionada com uma busca interior de afirmação pessoal, de validação, de novidade, de reparação e, claro, de prazer. Outras vezes ouvimos quem trai dizer que só estava à procura de se sentir vivo, ou seja, de sentir, encontrar e revelar partes diferentes de si mesmo. No fundo, fugir da pessoa que se tornou naquela relação. Não é tanto uma questão de deixar de gostar do outro, mas sim de deixar de gostar do tipo de pessoa que nos tornamos dentro desta relação.

As consequências da infidelidade podem ser graves. A viver numa bolha irrespirável de mágoa e angústia, quem trai fica frequentemente com uma culpa avassaladora e quem é traído fica... sem chão, aniquilado por uma assustadora nova visão da pessoa parceira, agora praticamente irreconhecível. A confiança é quebrada, o compromisso também, a intimidade parece violentada e perdemos a ideia, subjacente à ideia do amor romântico, de que éramos os únicos.

O objetivo muitas vezes definido pelos casais que procuram a terapia de casal para ultrapassar a infidelidade não é fácil, implica mergulhar na dor, pesquisar difíceis vulnerabilidades individuais e eventuais falhas ou disfuncionalidades na relação para por fim, trabalhar na mudança da narrativa sobre a traição: de um ponto de dor premente e fulgurante a um lugar mais distante na jornada a dois. A terapia pode ajudar a chegar a este sítio de rutura e reconstrução e aí tentar construir um novo casal, muitas vezes a partir do que parecem escombros, um casal mais inteiro, mais autêntico, mais humano.

Mas em relação à infidelidade, melhor mesmo, escusado será dizer, é tentar evitar. Seja através da monitorização constante, não só da relação, mas da forma como surgem as nossas necessidades individuais e de que forma contamos com o casal e com as outras partes da vida para lhe dar resposta; seja através da negociação dos limites da exclusividade da relação. Questionar a relação é um ato de coragem e reflexão, mas também pode ser de entrega e de vulnerabilidade. Alguns questionamentos são difíceis. O que tivemos de abrir mão quando nos tornámos um casal? O que perdemos para não perder o outro? Quais as verdades pessoais que custam a aparecer dentro da relação? Qual foi o custo dos sacrifícios que fizemos em nome da relação e que parte de nós foi apagada – tantas vezes pelos próprios, não pelos parceiros? Em que momento deixamos de ser dois indivíduos independentes e nos tornamos numa única entidade e como lidamos com isso? Estamos a continuar o nosso desenvolvimento pessoal dentro deste casal? Quais os obstáculos? Qual o preço a pagar pelo bilhete que dá entrada à zona de conforto? Quando foi a última vez que olhámos para a nossa pessoa parceira como, de facto, uma pessoa, e não só como a "*nossa*" pessoa?

É fulcral investigar os ingredientes que procuramos quando saímos dos limites da relação: excitação, autonomia, identidade ou algo mais? Será que esses ingredientes podem ser encontrados na própria relação, mesmo que envolva subir para máximos a nossa assertividade e vulnerabilidade, renegociar limites ou fazer algumas mudanças drásticas? Conseguiremos arriscar dentro da relação, naquele sítio aparentemente tão confortável, seguro ou apenas... familiar? Aí, nesse sítio, se encontram os casais que se conseguem reinventar. E não são todos.

A ESTÓRIA

Nazaré e Nicolau eram ambos filhos de operários da indústria têxtil e conheceram-se quando eram crianças, numa vila industrial do Norte do país, onde residiam e trabalhavam as suas respetivas famílias. Apaixonaram-se ainda adolescentes e casaram cedo, rumando a um subúrbio de Lisboa para escaparem das amarras familiares e abriram a sua própria empresa familiar de têxteis especializados. Iam *"à terra"* com cada vez menos frequência, não só porque o trabalho na empresa era intenso, mas sobretudo porque as suas famílias de origem tinham várias problemáticas, incluindo a violência familiar e um conservadorismo machista que os afastava cada vez mais. Assim, fecharam-se numa bolha de trabalho e família na sua nova terra e aí começaram um outro tipo de projeto familiar: os filhos. Tiveram o primogénito David, um bebé de trato tão fácil que lhes deu vontade de um segundo. Depois de muitos anos a tentarem o tal segundo, sem sucesso, resolveram entrar num processo de adoção, através do qual chegou Maria, uma menina de 3 anos, de raízes angolanas, que fez as delícias de todos e que foi surpreendentemente bem acolhida pelas famílias do Norte, ou pelo menos era essa a narrativa que traziam. Mais tarde, não planeado, surge Boris, o filho mais problemático, que desde cedo parecia sofrer mais intensamente o impacto da vida laboral dos pais, que não lhes deixava tempo para grandes mimos ou atenções. Nazaré tinha bem presente esta ideia e culpava-se disso, sabendo que efetivamente não podia fazer mais do que já fazia. Nicolau era mais ausente, como era muito frequente nos pais da sua geração.

Anos após os filhos saírem de casa, Nazaré começou a desconfiar do tempo que Nicolau passava fora e também do seu interesse, súbito e algo desfasado, em recuperar a vida erótica no casamento, há muito adormecida e relegada para os sábados de manhã, um hábito desde que as crianças andavam nos escuteiros. Numa noite de insónia, Nazaré pegou no telemóvel de Nicolau e já não mais saiu de dentro do aparelho. Pesquisou *emails*, mensagens de texto, redes sociais e até aplicações específicas para mensagens encobertas. Durante essa noite, o seu mundo ruiu todo. Percebeu que nos últimos dois anos (e quem sabe o que se teria passado antes), Nicolau tinha estado, de forma regular, com três mulheres diferentes, umas mais num estilo de encontros sexuais ocasionais e descomprometidos e outras de uma forma intensa, apaixonada, dedicada e quase com uma vida paralela, que incluía frequentes declarações de amor, intensas experiências eróticas, jantares quase semanais e até algumas viagens.

Nessa noite, o mundo de Nazaré mudou. De amanhã, ainda sem dormir, acordou Nicolau e confrontou-o com algumas informações. Ele negou tudo. Ela mostrou-lhe as mensagens. Ele admitiu algumas coisas e não outras. E assim começaram um jogo perigoso em que Nazaré o ia sistematicamente confrontando com mais informações e Nicolau ia negando até ser evidente que não poderia negar mais. As discussões eram diárias. Nazaré deixou de trabalhar, ficando em casa a tentar fazer sentido do que se estava a passar e de toda a informação. Sem energia para mais. Nicolau encolheu-se para dentro de si próprio e numa abordagem desesperada para salvar o casamento, focou-se apenas em Nazaré, abrindo o jogo todo. Mas já foi tarde. Tendo sido confrontada com tantas mentiras, Nazaré já não acreditava em quase nada, mas não conseguia acreditar que o seu mundo estava mesmo ao contrário. Isolaram-se ainda mais e numa intervenção familiar à filme americano, Maria, a sua filha do meio, juntou-se com Anita, irmã de Nicolau, e Gabriel, irmão de Nazaré, e num serão recheado de choro e angústia, convenceram-nos a fazer terapia de casal.

A TERAPIA DE CASAL

Quando chegaram vinham sem pele, em carne viva. Olhar perdido, gestos nervosos, atmosfera de desespero. Duas pessoas bonitas e interessantes, mas que carregavam consigo uma atmosfera de absoluta destruição. Era como se estivessem estado, durante muito tempo, os dois fechados dentro de uma bolha radioativa. Vesti mentalmente um fato de proteção e juntei-me a eles. Nas primeiras sessões, o objetivo foi, de acordo com os modelos que uso na intervenção em casos de infidelidades e traições[42], tentar conter o nível de intensidade e reatividade emocional provocado pela descoberta, garantindo assim as condições mínimas para o início do verdadeiro trabalho. Assim, ao contrário do que me é habitual, e porque este casal estava em plena crise quando pediu ajuda, este acompanhamento foi semanal e não quinzenal.

Sessão 3

Luana: Bem-vindos de volta. Sei que estão a passar um momento muito difícil da vossa relação, o mais difícil até agora, e nas últimas duas sessões temos tentado colocar-vos um pouco mais inteiros para enfrentar o que aí vem, o nosso trabalho em conjunto. Como foi esta última semana?

Nazaré: Bom, nesta já houve aqui uma mudança muito importante, da minha parte, porque efetivamente a consulta com a

42 - Peluso, 2007; Irvine, & Peluso 2022.

psiquiatra correu muito bem. Senti-me vista, ouvida e não maluca, como aqui, no fundo. É mesmo bom sentir que vocês técnicos olham para mim, veem o meu sofrimento e o levam à séria. Por indicação médica, comecei a tomar alguns fármacos que creio que já estejam a ter algum efeito, pelo menos nos meus nervos... Sinto-me mais calma, mais... presente.

Luana: Fico mesmo feliz que esteja a correr bem esse acompanhamento psiquiátrico, Nazaré. Às vezes, não corre bem logo à primeira, embirramos com o técnico ou ela embirra connosco. Acontece, somos pessoas, mas é importante insistir em mais umas sessões ou mudar de profissional, não desistir de ter acompanhamento. Há pessoas que só descobrem o *"seu"* terapeuta ao fim de várias tentativas. Eu só descobri à terceira, por exemplo.

Nazaré: Acho que tive sorte, então. Quer dizer, está tudo uma grande merda na mesma, passo a expressão, mas eu pelo menos agora consigo... pensar.

Luana: E a diferença que isso faz, não é? Como vos expliquei na primeira sessão, é muito natural que o impacto da descoberta de uma traição tenha contornos, mesmo passado algum tempo, de stress pós-traumático. A Nazaré estava a demostrar alguns destes sintomas de forma muito frequente e intensa, nomeadamente *flashbacks* para o momento da descoberta e permanente estado de alerta, e nem conseguia descansar um bocadinho.

Nazaré: Era como estar numa prisão. Agora continuo presa, mas já não estou na solitária, consigo ir ao pátio, fazer as minhas refeições, trabalhar na loja alguns dias.

Luana: E Nicolau, como tem sido para si estas últimas semanas?

Nicolau: Bom, é verdade que tenho notado esta diferença na Nazaré, sem qualquer dúvida, e isso faz com que o ambiente esteja bem melhor, temos talvez um bocadinho menos de conflito, mas quando discutimos ainda é um sofrimento, parece um disco partido, não saímos dali.

Luana: *OK*, já lá vamos, mas gostava que me dissesse como é que se tem sentido. A pessoa Nicolau, como está?

Nicolau: Como estou? Ora essa, nem sei responder.

Luana: Se calhar o Nicolau não está muito habituado a pensar nestas coisas, pelo menos para dentro, é mais de agir para fora. Pense comigo. O que me interessa saber, e interessa-me muito, porque eu aqui tenho duas pessoas (a Nazaré não vai sozinha ser o foco deste processo terapêutico, e o Nicolau é importantíssimo aqui), é o que está a sentir ao longo destes dias. Aí, dentro do seu corpo, da sua cabeça, se eles pudessem falar, o que diziam?

Nicolau: Certo, percebo (silêncio). Não estou habituado a falar assim. Mas, estou... estou cansado disto tudo. Queria a minha vida de volta. Estou farto, sabe? Exausto.

Nazaré: Tivesses estado quieto em vez de andares a fazer o que fizeste. O que me fizeste. O que nos fizeste.

Luana: É muito importante termos aqui algumas regras a partir de agora e uma delas tem a ver com esta necessidade, muito natural, de a Nazaré *"castigar"* permanentemente o Nicolau. É uma motivação natural, nada de errado com isso, mas é mesmo pouco útil para o trabalho que aqui estamos a fazer. Por isso peço-lhe só que tente adiar um pouco essa vontade. De castigar, de atirar à cara... podemos tentar?

Nazaré: (respirando fundo) Posso tentar.

Luana: *OK*, isso basta-me por agora e eu sei, Nazaré, que é um esforço, mas é também um investimento aqui na terapia. Já percebemos, então, mais ou menos onde estão. Para podermos avançar, preciso que vocês se ouçam e se vejam. Podem olhar um para o outro? Só um bocadinho?

(olham-se e Nazaré desvia o olhar, Nicolau encolhe os ombros)

Luana: Uma parte importante deste processo é perceberem onde está o outro e neste caso, estão os dois em carne viva. Têm de ter muito cuidado em não se magoarem mais. É por isso que vamos agora começar a tentar, em conjunto, reconstruir algumas camadas de *"pele"*. Porque sem pele não podemos ir às causas de tudo isto. Vamos começar pelos vossos limites. Pareceu-me que, na última sessão, havia uma questão com limites. Sabem ao que me refiro?

Nicolau: Sim, a Nazaré está sem limites. Precisa de saber onde estou a cada minuto, com quem falo, durante quanto tempo.

Nazaré: É porque senão...(silêncio) Desculpa, continua.

Nicolau: Pronto, estava a dizer que lhe tenho contado tudo. Assim que chego do escritório ou da fábrica, ela faz-me um interrogatório completo. Às vezes, já nem faz, sou eu que conto. E não me importo, já não tenho nada a esconder.

Luana: Nazaré, isto sossega-a de alguma forma?

Nazaré: Adorava dizer que sim, mas não consigo. Tudo me parecem mentiras. Mesmo que tenha tudo lógica, não consigo confiar nele.

Nicolau: Não sei o que posso fazer mais.

Luana: O que me estão a dizer, se percebi bem, é que começaram a fazer isto como forma de apaziguar as desconfianças de Nazaré, certo? Mas que já não está a funcionar muito bem.

Nazaré: Sim, parece que ainda fico mais alerta quando ele começa a descrever o dia... à procura de uma falha, de algo que não bata certo, um buraco na história para descobrir mais qualquer coisa...

Luana: Reparem que esta solução que arranjaram, e que já funcionou melhor, agora está ela própria a provocar precisamente o estado de alerta que querem evitar. Todo o organismo de Nazaré se prepara para a guerra... quando Nicolau a está efetivamente a tentar securizar. O que acham que podem fazer quanto a isto? E aqui acho que deve ser a Nazaré a responder, nestas coisas é a pessoa traída que marca o ritmo dos avanços em terapia.

Nazaré: Acho que podemos fazer isso durante um tempo mais curto e algo mais superficial. Se calhar só preciso de saber como correu o dia e o que fez, não de todos os detalhes, porque me deixam nervosa.

Nicolau: Tens a certeza, Nazaré?

Nazaré: Não. Mas como está, também não é bom.

Luana: *OK*, temos aqui já uma primeira parte desta questão dos limites. A outra parte, que trouxeram na última sessão, tem que ver com o telemóvel. Querem-me explicar o que se passa? Nicolau?

Nicolau: É mais do mesmo. A Nazaré pede-me o telefone todos os dias para ver as chamadas e as mensagens.

Luana: Isso securiza-a, Nazaré?

Nazaré: Mais ou menos, como dá para ver se ele apagou mensagens ou não, eu assim tenho a certeza que pelo menos com elas não anda às mensagens. E já apanhei uma ou outra com outras mulheres que fiquei desconfiada...

Nicolau: Já lhe expliquei mil vezes, é a prima do Nando que está a fazer um alojamento local e quer fazer connosco os têxteis. Tenho andado a negociar, é só isso.

Nazaré: Pois, mas é gira que se farta e tu não és de fiar. Não que as outras fossem giras, metiam dó, mas pronto, ele nem quis saber.

Luana: Nazaré, é natural que toda essa zanga venha ao de cima também durante as sessões, aguentou-se bem até agora. Mas vamos voltar ao trabalho e deixar as outras pessoas fora disto. Aqui dentro, por mais fantasmas que haja, só estão vocês os dois.

Nazaré: Já passou.

Luana: E vai voltar, não tem problema, e de cada vez que voltar, nós vamos olhar para lá e esperar que passe, *OK*? A Nazaré tem direito a sentir isso, os seus sentimentos são válidos.

Nazaré: Certo. Eu sei. Mas bloqueiam um pouco o caminho que queremos fazer.

Luana: Ainda vai demorar. Nicolau, em relação ao telemóvel, o que sente?

Nicolau: Doutora, sinceramente, não sei o que deva sentir. Faço o que for preciso para que a minha mulher volte a confiar em mim. Sou um livro aberto, mas ela não acredita.

Luana: Nicolau, se é um livro aberto, com o telemóvel e o mapa do dia sempre disponível, porque será que a Nazaré não confia? Consegue colocar-se nos sapatos dela?

Nicolau: Eu sei que foi uma grande traição. Eu sei disso. E acho que é com o tempo e com a... transparência... que isto vai lá.

Luana: Nazaré, concorda com esta visão? Parece-me que não partilham da mesma narrativa em relação a isto.

Nazaré: Não partilhamos, não. O grande problema aqui é que não foi UMA grande traição. Foram várias grandes traições, três, para ser precisa e depois mil traições mais pequenas de todas as vezes que me mentiu. A descoberta principal foi só uma, certo, foi quando descobri as mensagens todas no telemóvel, as da primeira.. Mas ele esquece-se que depois foram meses, MESES, a fazer novas descobertas e a sentir que estava a ser traída uma, outra e outra vez, sem parar e sem sobrar nada do homem por quem me apaixonei. Um estranho.

Nicolau: Desculpa. Devia ter dito logo tudo. Mas agora já disse. Já te jurei.

Nazaré: Juraste também antes, já te esqueceste?

Luana: *OK*, veem como é importante nós irmos com calma, mergulhando nestas partes mais difíceis do poço? Agora vamos subir um bocadinho outra vez. Pensem comigo, o que me estão a dizer, é que não só as traições foram traumáticas, como o vosso processo logo a seguir, antes de virem para terapia, também o foi. Se calhar, até foi mais, pelo menos é o que está a chegar aqui.

Nicolau: Para mim, foi, com certeza. Ser descoberto foi mau demais, bem como as noites e os dias que passámos, e que continuamos a passar, em certa medida, a reviver todos os meus passos durante o último ano, com todos os detalhes. Basta a Nazaré encontrar qualquer coisa, um qualquer detalhe, para sentir imensa dor. Fico aflito só de pensar.

Nazaré: É muito difícil porque, vamos lá ver, eu fui enganada pelo meu marido durante um ano inteiro. Ora, um ano é muita coisa, fizemos muitas coisas juntos. E eu sinto que vivi ao lado da realidade, ou seja, que nada do que vivi de facto foi real.

Luana: E está a tentar reconstruir as peças.

Nazaré: Precisamente. E não é uma coisa bonita, não é nada bonita. E eu não inventei estas descobertas, não, são coisas que de facto aconteceram. Eu não estou maluca.

Nicolau: Nunca te disse que estavas maluca, disse que às vezes parecias louca, mas é quando gritas e ficas com aqueles olhos tresloucados de... de... raiva. Ficas tão zangada comigo...

Nazaré: É que é muita coisa, Doutora. Ainda ontem, a nossa neta fez um ano, a nossa primeira neta, Dalila, filha do David, do mais velho. Sabe que eles a seguir ao nascimento da pequenita não estiveram nada bem, mas agora, já estão melhores. Pareceram-me mais equilibrados e menos cansados. A minha nora, então, a Diana, andava exausta. Mas então fomos lá a casa deles ontem, foi muito bom. Estavam lá os outros manos, a Maria e o Boris, sempre naquela guerra os dois, já se sabe, mas foi divertido, sabe? Senti-me pela primeira vez, em semanas, assim a ter prazer com qualquer coisa, a sentir assim uma pequena felicidade cá dentro.

Luana: Que bom que conseguiu experienciar esse raio de sol, é mesmo importante ver onde eles andam.

Nazaré: Não tem sido fácil. Mas olhe, cheguei a casa e já na sala, a beber o meu licor, comecei a pensar no nascimento da Dalila. Há um ano. E comecei-me a lembrar que naqueles dias depois do nascimento eu queria ir lá a casa e ajudar e dar um apoio, não é? E nós só temos um carro. O Nicolau andava para trás e para a frente, supostamente a fazer negócios e nunca me deixava levar o carro. Claro que não queria chatear o David, ainda moramos longe e o meu filho estava muito cansado, pois claro.

Luana: E o onde é que a levou esse pensamento?

Nicolau: Já se sabe onde....

Nazaré: Comecei-me a lembrar que o Nicolau era muito vago naquilo que dizia por não me deixar levar o carro, e pronto, fui ter com ele. Estive a ver umas mensagens do telemóvel, ele ainda negou um bocado...

Nicolau: Eu não neguei nada! Nada! Eu só não queria era ficar ali mais não sei quantas horas a ruminar tudo, mulher!

Nazaré: Mas eu precisava de saber os detalhes. Preciso dos detalhes. Não sei explicar. Aliás, preciso dos detalhes para conseguir explicar o que aconteceu. Porque ainda é inacreditável para mim, como é que no dia do nascimento da tua primeira neta, quando a tua família mais precisava de ti, tu achares que era mais importante andares a comer uma miúda qualquer que nem fazia ideia onde se estava a meter. Uma miúda da idade da Maria, Nicolau, completamente desadequada. Ainda me mandou mensagens a tentar explicar o que tinha acontecido, está a ver o nível, certo? Sem noção.

Nicolau: Tens razão. Que queres que te diga mais? Tens razão. Mas não vejo como é que discutir os detalhes disso pode ajudar.

Luana: De que calibre de detalhes é que estamos a falar?

Nazaré: Horas, trajetos, locais onde estiveram, quem soube, quantas vezes estiveram...

Nicolau: E não é só. São coisas que me custam muito dizer-lhe. É constrangedor... Já me perguntou por peças de roupa delas, se estavam ou não depiladas, que tipo de beijos demos, todos os detalhes sexuais... detalhes da vida delas... É demais.

Nazaré: Mas eu concordo que é demais, perco o controle, parece que deixo de ver e fico só focada em ter mais e mais e mais informação.

Luana: Penso que há aqui dois pontos importantes. Em primeiro lugar, a Nazaré está a tentar encontrar lógica no que aconteceu, está a procurar nos detalhes e ainda não a encontrou. Eu também acho que não é aí que a vai encontrar, o que nos leva ao segundo ponto, o principal desta sessão: temos de acordar regras para que não caiam repetidamente neste ciclo vicioso e viciante de pesquisa de detalhes. Se não conseguirmos parar esta parte, ou pelo menos baixar-lhe um pouco a intensidade, não vamos conseguir chegar às causas. Aos porquês, às explicações que a Nazaré, ambos, de facto, tanto precisam para sequer perceberem se querem avançar nesta relação em conjunto ou em separado.

Nazaré: Tem razão, quando estamos naquelas discussões, o caminho parece sem saída. E não ajuda, nada disto ajuda, os detalhes, o telemóvel, tudo isto puxa-me mais e mais para dentro do poço. Sem saída.

Nicolau: É uma desgraça para os dois, Nazaré. Temos de parar. É que nem é bem uma discussão, és tu a pedires informação, eu a dar mais e mais e mais e tu a atirares-me tudo à cara. Fico sem nada. Até perder a cabeça, como aconteceu no outro dia.

Luana: Como assim?

Nazaré: Não foi nada de mais, eu exagerei e ele de facto perdeu a cabeça e virou-se a mim.

Luana: *OK*, vamos parar aqui um bocadinho. Olhem, em terapia de casal, sempre que há qualquer tipo de indicação de qualquer tipo de violência, nós temos de parar e olhar bem para o que se está a passar, pois pode ser perigoso, *OK*? Então. Preciso que me contem exatamente o que aconteceu, como, quando, durante quanto tempo, qual o impacto e como falaram disto, *OK*? Começa a Nazaré, parece-lhe bem? Também podemos falar mais tarde, mas temos de endereçar isto.

Nazaré: Pode ser agora, não tem problema. Não é violência doméstica, isso posso-lhe garantir. Não tenho medo do Nicolau. Nem ele de mim, acho.

Nicolau: Por enquanto. Nunca se sabe. Desculpe, sim, não se brinca com coisas sérias, foi um ato de desespero, mas tenho consciência do que fiz.

Nazaré: Estávamos no pico da discussão, deviam ser já umas 3 da manhã, eu estava já muito *"acalorada"* e comecei a picar e a picar e a picar e acho que estive algum tempo a mandar-lhe coisas à cara. E chamei-lhe alguns nomes. E durou algum tempo, ele já nem dizia nada. E depois berrei-lhe que ele era igual ao pai dele, que trai a mãe à frente de toda a gente, e que ainda era pior que o pai pois pelo menos o pai era homem suficiente para o fazer às claras. Estávamos muito perto e ele deu-me um estalo.

Nicolau: Eu dei-lhe um estalo. Saiu-me da mão. Quando vi, já tinha acontecido. Perdi a cabeça. (silêncio) Desculpa, Nazaré, mais uma vez. Não tinha o direito.

Nazaré: Eu sei que não. E sei que isso não és tu.

Luana: O que aconteceu depois?

Nazaré: Bom, foi isto. Ele pediu-me logo desculpas e eu fui para o quarto a chorar. Não me assustou, mas... pregou-me um susto, acho eu, foi mais isso. Foi estranho.

Nicolau: Fiquei na sala a noite toda acordado. Não me reconhecia. Sentia-me assim um saco vazio. Ainda sinto, um bocado.

Luana: Já vamos voltar a esse saco vazio, acho que está aí uma coisa importante. Mas preciso de vos perguntar mais umas coisas sobre esta agressão. Foi a primeira vez?

Nazaré: Assim, sim. O Nicolau nunca me tocou. Mas eu já. Há cerca de 10 anos, quando descobri que me tinha mentido em relação a uma coisa que se tinha passado com o nosso filho, não interessa para aqui, mas senti aquilo como um desrespeito e olhe, também me saiu. Nunca mais se repetiu.

Nicolau: Não é mesmo o nosso... estilo.

Luana: Mas aconteceu. Duas vezes, já. Estas coisas podem escalar rápido, é mesmo importante delimitarmos algumas linhas vermelhas na vossa relação atual. Sugiro, por razões óbvias, que essa seja a primeira. Quando se sentirem em ebulição, tenham noção que podem fisicamente tornar-se agressivos. Sei que não é *"o estilo"* como dizem, mas há precedentes. Não pode voltar a acontecer, concordam?

Nazaré: Tenho a certeza de que não volta a acontecer.

Nicolau: Sim, nesses momentos temos de nos afastar. Eu gostava de saber fazer isso melhor. Por exemplo, Doutora, quando começam as perguntas, eu não sei o que eu hei de fazer. Se não respondo, é porque estou a esconder qualquer coisa. Se respondo, podemos não parar.

Luana: Parece-me que esse é o terceiro limite que precisam de negociar. O que acha que pode funcionar, Nicolau?

Nicolau: Não sei... dizer-lhe que não vai adiantar nada. Dizer-lhe que para isso, não estou disponível. Mas ela vai zangar-se.

Luana: Zangada já está, Nicolau. É difícil para si lidar com a tensão decorrente da zanga da Nazaré, percebo. Mas há aqui coisas que são parte da sua intimidade. Da sua privacidade. A Nazaré tem direito a ter a informação que precisa para perceber o que aconteceu e para tomar as suas decisões, mas o Nicolau também tem o direito a ter um mundo interno. Tem direito à sua privacidade, incluindo às questões mais sexuais que até podem envolver a privacidade de outra pessoa. E esses limites tem de ser o Nicolau a colocar. E a aguentar-se à bronca, por assim dizer, ou seja, a tolerar, compreender e validar a zanga da Nazaré em relação a isso. Mas impondo esses limites.

Nicolau: Mas eu não quero impor nada. A Doutora disse negociar, não impor.

Luana: Certíssimo. Mas temos de reequilibrar aqui o vosso poder. E neste momento o Nicolau está amorfo no conflito. O máximo que conseguiu foi... ainda menos que amorfo, desculpe-me, mas foi o nível zero de gestão emocional e assertividade. Foi dar um estalo. E eu sei que tem feito um esforço enorme para acolher os interrogatórios da Nazaré. Mas é tempo de parar. De se reerguer. De colocar limites, com a compaixão que a Nazaré merece. Que ambos merecem.

Nazaré: Eu acho que vai ser tão difícil...

Luana: Vai, sim. Nazaré, tendo em conta que vocês são pessoas diferentes, em corpos separados, que levam vidas quotidianas únicas e que passam por experiências irrepetíveis, ou seja, tendo em conta que NUNCA vai saber exatamente e ao milímetro aquilo que se passou com o Nicolau, acha que já sabe tudo o que necessita?

Nazaré: Pode haver detalhes, mas tem razão, não vão fazer a diferença. Acredito nisto agora, mas em casa vou ter de me convencer. Mas é esse o caminho. E isso inclui telemóveis, certo?

Luana: O que acham?

Nicolau: Eu acho boa ideia, mas não sei se será demais.

Luana: Não há aqui uma mudança radical, *OK*? A Nazaré precisa ainda de ser securizada e isso inclui o Nicolau assumir o compromisso de que não vai quebrar o vosso contrato de exclusividade, o que já afirmou logo na primeira sessão, e inclui também ir dizendo à sua mulher por onde anda e o que anda a fazer mas, e isto inclui as discussões, não tem de dizer tudo. Diz até se sentir desconfortável. O que acham?

Nazaré: Vamos tentar. É o que temos, não é? Assim não conseguíamos continuar.

Luana: Bom teste de limites e vemo-nos para a semana.

Mas como é que isto acaba?

A eficácia da terapia de casal em casos de infidelidade depende de diversos fatores, como o tipo de infidelidade, a sua gravidade, frequência e impacto, o nível de intimidade emocional, a vinculação entre os parceires, traumas anteriores, qualidade da aliança estabelecida, entre muitos outros. Do que sabemos, a taxa de sucesso é elevada, mas o sucesso nem sempre é medido da mesma maneira. Às vezes, o sucesso de uma terapia de casal pode incluir o divórcio ou separação do casal, se tal for o melhor para estes.

E foi precisamente isto que aconteceu. Após esta terceira sessão, muitas outras se seguiram onde reforçámos os limites, acolhemos as intensas emoções que surgiam, descobrimos e analisámos os fatores predisponentes para a infidelidade, a transgeracionalidade da traição nesta família, os momentos marcantes na história da vida deste casal, o que os tinha afastado, enquanto construímos uma narrativa partilhada sobre as infidelidades de Nicolau e o papel disso nesta relação.

Efetivamente, conseguimos chegar a essa narrativa partilhada, mas os danos já eram graves demais para que houvesse futuro. Na sétima sessão, depois de uma análise de rotina, Nazaré descobriu que tinha HPV[43], um vírus de transmissão sexual, tendo sido contagiada por Nicolau, e este por uma das suas parceiras extraconjugais. Foi um duro golpe. A situação de saúde ficou controlada, mas duas sessões depois, Nazaré estava decidida:

"Esse homem que procuro já não existe. E isso quer dizer que eu também não. Parece que ficámos parados no tempo, sabe? Há tanta coisa nova a acontecer. E eu sou nova, pareço exatamente a idade que tenho e ultimamente até gosto mais de me ver. Há formas diferentes de fazer as coisas. Põe os olhos nas tuas irmãs, por exemplo. A Anita naquela relação aberta e os dois tão felizes, ela cheia de experiência, parece que está cada vez mais jovem! E mesmo a Leonor, não gostava de dormir no mesmo quarto, pumba, arranjaram dois. Mudaram as coisas, transformaram a relação, continuaram a crescer. Nós não. Foi filhos e trabalho. E acho que gosto mais de mim do que tu, francamente. Não crescemos, não desenvolvemos. Quer dizer, eu achei que sim. Mas agora que olho para trás, acho que fiz isso sozinha. Sozinha. Tantas vezes sozinha. E a colocar-te num pedestal. Não me acompanhaste. E eu prescindi de tanto que agora não quero mais. Já me sinto para trás, tu puxas-me para trás. Quero mais e quero agora."

Nicolau saiu de casa no final do mês e ambos iniciaram acompanhamento psicoterapêutico individual.

Há quebras que não têm reparação.

---

43 - O HPV (Papilomavírus Humano) é uma infeção viral transmitida por contacto sexual, que pode causar alterações genitais, e está associado a alguns tipos de cancro, como o cancro do colo do útero, entre outros.

AÇÃO DIRETA

Questões generativas:

Se não conseguem sair ou jantar fora apenas os dois pelo menos um dia por semana, façam-no em casa de forma especial. Às vezes, basta desligar a televisão.

O importante é fazer perguntas que despertem a curiosidade um pelo outro.

- Quais são as pessoas que mais admiras no mundo?
- Qual é o teu maior medo?
- Qual o teu maior orgulho?
- Quando é que te sentes mais vista? E amada? E respeitada?
- Qual o momento em que te sentiste mais embaraçado?
- Quais os valores mais importantes para ti?
- Como preferes ser confortada?
- Qual a tua maior ambição neste momento?

O outro lado da comunicação:

Neste desafio, é essencial a colaboração dos dois. Combinem um dia em que vão estar juntos pelo menos parte desse dia. É o dia da comunicação não verbal, ou seja, nessas 24 horas não podem dirigir palavra um ao outro, nem oralmente, nem através da escrita.

Comuniquem por gestos, por olhares, por toques apenas. Sejam inventivos e aumentem a vossa atenção e sensibilidade aos sinais um do outro.

É violência doméstica?

É certo que as relações amorosas passam por situações difíceis e nem sempre é fácil perceber os contornos daquilo que se está a passar e nem tudo é violência doméstica, e muitas relações são pouco saudáveis de muitas formas diferentes.

A Organização Mundial de Saúde (OMS) estima que cerca de 30% das mulheres em todo o mundo já sofreram violência física e/ou sexual por parte de um parceiro íntimo em algum momento das suas vidas. A violência doméstica pode incorporar vertentes físicas, sexuais, emocionais, financeiras e morais e é um fenómeno não só muito comum como extremamente grave. A violência doméstica ainda é subnotificada em muitos países devido ao estigma, ao medo de represálias e à falta de confiança nos sistemas de apoio e justiça. Muitas vítimas de violência doméstica não denunciam os casos às autoridades ou procuram ajuda por medo, dependência financeira, falta de suporte emocional, entre outros. As mulheres são as principais vítimas da violência doméstica, representando a maioria esmagadora dos casos.

De acordo com a OMS, a violência por parte do parceiro íntimo é a principal causa de morbilidade e mortalidade entre as mulheres em todo o mundo, sendo que pessoas trans, minorias de género e pessoas racializadas se encontram particularmente vulneráveis. A violência doméstica está intrinsecamente ligada à desigualdade de género e tem também um impacto grave nas crianças que testemunham ou são expostas a ela, com efeitos duradouros na saúde física, emocional e mental, levando a problemas de saúde, dificuldades de aprendizagem, comportamentos agressivos e problemas psicossociais.

Eis algumas questões para a reconhecer (e evitar):

- Caracteriza-se por um ciclo? O ciclo da violência inclui uma fase *"lua de mel"*, em que tudo parece correr bem, até se começar a acumular tensão outra vez, resultando num evento crítico (discussão grave, movimento opressivo, agressão física, emocional ou sexual);

- Sente que tem algo a ver com poder e controlo? Se só uma pessoa é que dita as regras lá em casa, se todos andam à volta dele com medo de fazer algo de errado, se controla as suas redes sociais, o seu telefone ou a sua roupa, se tem opiniões muito concretas sobre como se deve portar, apresentar e com quem deve falar, isso pode significar que está numa relação abusiva;
- Tem ficado mais isolada à medida que a relação avança? O isolamento social é das principais estratégias encontradas na violência doméstica, pois faz com que a pessoa sinta que está sozinha, que ninguém iria acreditar nela e que não tem apoio social, impedindo a sua retirada da relação;
- Como é que o seu organismo responde à presença do outro quando em conflito? Se ficar extremamente alerta, com confusão mental, coração acelerado, e sentimentos de medo ou terror, é um sinal provável de que o seu corpo já reconheceu o perigo. Esperamos que não se tenha habituado;
- Existe humilhação, desprezo ou ameaças? A violência doméstica pode incluir comportamentos de humilhação, desprezo ou ameaças. Muitas vezes, o agressor adota uma postura de menosprezo, invalidação ou diminuição dos sentimentos da vítima, acompanhada de ameaças veladas ou diretas. Por exemplo, o agressor pode ameaçar a vítima caso esta não cumpra as suas exigências, a sua forma *"correta"* de ver a realidade ou as regras impostas;
- Falta de reflexividade: Se a pessoa parceira não consegue aceitar qualquer tipo de crítica ou apenas o faz de forma superficial, não aceitando qualquer responsabilidade na situação, isso é um indicador claro que não está disposta a mudar. Na mesma

senda, se verbalmente aceita responsabilidade, mas na prática não muda comportamentos, provavelmente não existe uma real intenção de mudar.

EPÍLOGO

Ao longo destes capítulos, foram narradas muitas experiências de crescimento e desenvolvimento, mas também de dor e sofrimento. Digo-o no prólogo e repito-o aqui: este livro pretende ilustrar o que se passa dentro da terapia de casal, e não é nem um substituto desta, nem um livro de autoajuda. Caso seja necessário, a ajuda de um profissional de saúde mental credenciado por uma entidade válida, como a Ordem dos Psicólogos, é essencial e pode mesmo salvar vidas. O site da Ordem dos Psicólogos tem uma listagem de recursos e profissionais disponíveis.

Os seguintes fatores podem ter indicação para acompanhamento psicológico em diversas especialidades (Avaliação psicológica, Psicoterapia de adultos, Terapia Familiar e de Casal, Sexologia Clínica, entre outros):

- Pensamentos recorrentes sobre a morte ou o suicídio;
- Violência física, sexual e/ou emocional (humilhação, ataque ao carácter, desvalidação permanente, controlo sobre finanças, vestuário ou companhias; isolamento social forçado, entre outros);
- Choro fácil, angústia recorrente, tristeza que não passa ou ansiedade pouco controlada;
- Desinteresse sexual inexplicado e duradouro;

- Nas relações amorosas:
  - Discussões que resultam em muro de silêncio ou numa reatividade emocional agravada;
  - Críticas destrutivas;
  - Sentir mais apoio emocional fora da relação do que dentro;
  - Discussões que não saem dos mesmo sítio;
  - Infidelidade ou pensamentos frequentes sobre infidelidade ou quebras de contrato relacional;
  - Dificuldades na negociação de limites e consentimento;
  - Ciúmes incontroláveis;
  - Desprezo/Raiva/Ira em relação ao/aos parceires;
- Abuso ou uso problemático de substâncias;
- Dificuldade em lidar com doenças/condições físicas;
- Desmotivação e falta de objetivos pessoais.

ÍNDICE REMISSIVO

BIBLIOGRAFIA RECOMENDADA

Asen, E., & Jones, E. (2018). *Systemic couple therapy and depression.* Routledge.

School of life. (2021). *The Good Enough Parent: how to raise contented, interesting and resilient children.*

Irvine, T. J., & Peluso, P. R. (2022). *An affair to remember: A mixed-methods survey examining therapists' experiences treating infidelity*. The Family Journal, 30(3), 324-333.

Ezzo, G. & Bucknam, R. (2012). O*n becoming babywise. Parent-Wise Solutions. Sommertfeldt Fernandes, F. (2014). 10 dias para ensinar o seu filho a dormir.* Esfera dos Livros.

Neves, A. (2021). O *sono do meu bebé*. Ideias de Ler.

Mitchell, K. R., Mercer, C. H., Ploubidis, G. B., Jones, K. G., Datta, J., Field, N., ... & Wellings, K. (2017). *Sexual function in Britain: Findings from the third National Survey of Sexual Attitudes and Lifestyles (Natsal-3)*. The Lancet, 389(10064), 1388-1401.

Regan, P. C., & Atkins, L. (2006). *Sex differences and similarities in frequency and intensity of sexual desire.* Social Behavior and Personality: An International Journal, 34(2), 95-102.

Rosen, R. C., Bachmann, G. A., Addiego, L. A., Reame, N., & Wiegel, M. (1997). *Sexual attitudes and behavior in late midlife women: A population-based study of 40- to 65-year-old women.* Obstetrics & Gynecology, 90(4), 509-514.

Sampaio, D. (2000). *Ninguém more sozinho.* Editoria Caminho.

Mindell, J. A., Kuhn, B., Lewin, D. S., Meltzer, L. J., & Sadeh, A. (2006). *Behavioral treatment of bedtime problems and night wakings in infants and young children.* Sleep, 29, no. 10 (2006): 1263-1276.

Peluso, P. R. (Ed.). (2007). *Infidelity: A practitioner's guide to working with couples in crisis.* Routledge.

Perel, E. (2019). *(In)Fidelidade: Repensar o Amor e as Relações.* Bertrand Editora

(Lei n.º 143/2015, *Regime Jurídico do Processo de Adoção* (https://www.pgdlisboa.pt/leis/lei_mostra_articulado.php?nid=2423&tabela=leis&ficha=1&pagina=1).

Barker, M. J. (2018). *Rewriting the rules: An anti self-help guide to love, sex and relationships.* Routledge.

Ferreira, L. C. (2013). *Intimidade e desejo sexual nas relações de casal: o paradoxo da diferenciação conjugal.* Tese de Doutoramento. (Repositório da Universidade de Lisboa)

Kühn, S., Gallinat, J. (2016). *Brain structure and functional connectivity associated with pornography consumption: The brain on porn.* JAMA Psychiatry, 73(7), 827-834. doi:10.1001/jamapsychiatry.2016.0402

Landripet, I., & Štulhofer, A. (2015). *Is Pornography Use Associated with Sexual Difficulties and Dysfunctions among Younger Heterosexual Men?* The Journal of Sexual Medicine, 12(5), 1136-1139. doi:10.1111/jsm.12853

Bridges, A. J., Wosnitzer, R., Scharrer, E., Sun, C., & Liberman, R. (2010). *Aggression and sexual behavior in best-selling pornography videos: A content analysis update.* Violence Against Women, 16(10), 1065-1085. doi:10.1177/1077801210382866

Grubbs, J. B., Perry, S. L., Wilt, J. A., & Reid, R. C. (2018). *Pornography problems due to moral incongruence: An integrative model with a systematic review and meta-analysis.* Archives of Sexual Behavior, 47(6), 1385-1405. doi:10.1007/s10508-018-1193-9I

Gottman, J. Silver, N. (1999). *Sete princípios para o casamento dar certo.* Editora Objetiva.

Diogo, R. (2019). *Sex at Dusk, Sex at Dawn, Selfish Genes: How old-dated evolutionary ideas are used to defend fallacious misogynistic views on sex evolution.* J. Soc. Sci. Hum, 5, 350-367.

Barraca, J., & Polanski, T. X. (2021). *Infidelity treatment from an integrative behavioral couple therapy perspective: Explanatory model and intervention strategies.* Journal of Marital and Family Therapy, 47(4), 909-924.

Dupree, W. J., White, M. B., Olsen, C. S., & Lafleur, C. T. (2007). *Infidelity treatment patterns: A practice-based evidence approach.* The American Journal of Family Therapy, 35(4), 327-341.

Peluso, P. R. (Ed.). (2007). *Infidelity: A practitioner's guide to working with couples in crisis.* Routledge.

Ryan, C. & Jetha, C. (2012) *How We Mate, Why We Stray, And What It Means For Modern Relationships.* HarperCollins.

Kilomba, G. (2020). *Memórias da plantação: episódios de racismo cotidiano.* Editora Cobogó.

Gorjão Henriques, J. (2018) *Racismo no País dos Brancos Costumes*. Tinta da China

Herrero, M., Martínez-Pampliega, A., & Alvarez, I. (2020). *Family communication, adaptation to divorce and children's maladjustment: The moderating role of coparenting*. Journal of Family Communication, 20(2), 114-128.

van der Wal, R. C., Finkenauer, C., & Visser, M. M. (2019). *Reconciling mixed findings on children's adjustment following high-conflict divorce*. Journal of Child and Family Studies, 28(2), 468-478.

Perel, E. (2008). *Amor e desejo na relação conjugal*. Presença.

Coleman, E., Radix, A. E., Bouman, W. P., Brown, G. R., De Vries, A. L. C., Deutsch, M. B., ... & Arcelus, J. (2022). *Standards of care for the health of transgender and gender diverse people, version 8*. International Journal of Transgender Health, 23(sup1), S1-S259.

American Psychological Association. (2015). *Guidelines for psychological practice with transgender and gender nonconforming people*. American Psychologist, 70(9), 832-864.

Teixeira, Grave & Aires (2021). *Isto não é um glossário in/definições de géneros e sexualidades*. Gentopia – Associação para a Diversidade e Igualdade de Género (edição digital)

Haupert, M. L., Gesselman, A. N., Moors, A. C., Fisher, H. E., & Garcia, J. R. (2017). *Prevalence of experiences with consensual nonmonogamous relationships: Findings from two national samples of single Americans*. Journal of sex & marital therapy, 43(5), 424-440.

Witherspoon, R. G. (2018). *Exploring polyamorous resilience and strength factors: A structural equation modeling approach* (Doctoral dissertation, Alliant International University).

Schechinger, H. A., Sakaluk, J. K., & Moors, A. C. (2018). *Harmful and helpful therapy practices with consensually non-monogamous clients: Toward an inclusive framework.* Journal of Consulting and Clinical Psychology, 86(11), 879.

de Oliveira, L., Carvalho, J., & Nobre, P. (2021). *A systematic review on sexual boredom.* The Journal of Sexual Medicine, 18(3), 565-581.

de Oliveira, L. (2023). *É normal?* Arena PT.

Herbenick, D., Mullinax, M., & Mark, K. (2014). *Sexual desire discrepancy as a feature, not a bug, of long-term relationships: Women's self-reported strategies for modulating sexual desire.* The Journal of Sexual Medicine, 11(9), 2196-2206.

Ferreira, L. C., Narciso, I., & Novo, R. (2013). *Authenticity, work and change: A qualitative study on couple intimacy. Families, Relationships and Societies,* 2(3), 339-354.

de Oliveira, L., Štulhofer, A., Tafro, A., Carvalho, J., & Nobre, P. (2023). *Sexual boredom and sexual desire in long-term relationships: a latent profile analysis.* The Journal of Sexual Medicine, 20(1), 14-21.

Ferreira, L. C., Fraenkel, P., Narciso, I., & Novo, R. (2015). *Is committed desire - intentional? A qualitative exploration of sexual desire and differentiation of self in couples.* Family Process, 54(2), 308-326.

Narciso, I., & Ribeiro, M. T. (2011). *Olhares sobre a Conjugalidade.* Coisas de Ler

Gouveia-Pereira, M.& Miranda, M. (2021). *Manual de Terapia Familiar - Teoria, avaliação e intervenção sistémica.* Pactor